JOHANNA LILIENFELD

Die Magie der 12 Krafttiere

GOLDMANN

Johanna Lilienfeld

Die Magie der 12 Krafttiere

Spirituelle Tierbegleiter der Kelten und Germanen

GOLDMANN

Alle Ratschläge in diesem Buch wurden vom Autor und vom Verlag sorgfältig erwogen und geprüft. Eine Garantie kann dennoch nicht übernommen werden. Eine Haftung des Autors beziehungsweise des Verlags und seiner Beauftragten für Personen-, Sach- und Vermögensschäden ist daher ausgeschlossen.

Sollte diese Publikation Links auf Webseiten Dritter enthalten, so übernehmen wir für deren Inhalte keine Haftung, da wir uns diese nicht zu eigen machen, sondern lediglich auf deren Stand zum Zeitpunkt der Erstveröffentlichung verweisen.

MIX
Papier aus verantwortungsvollen Quellen
FSC® C014496
FSC
www.fsc.org

Penguin Random House Verlagsgruppe FSC® N001967

1. Auflage
Originalausgabe Juni 2022

Bilddaten: Adobe Stock: 24 (fotomaster), 50 (deepov), 135 (Eric Iselée), 148 (Alex Stemmers); Shutterstock: 37 (JIANG HONGYAN), 63 (Sergei Mironenko), 74 (Eric Isselee), 85 (Kwadrat), 99 (Eric Isselee), 111 (Eric Isselee), 123 (Eric Isselee), 163 (IhorM).
Umschlag: UNO Werbeagentur, München
Umschlagmotiv: FinePic®, München
Redaktion: Ralf Lay
Satz: Satzwerk Huber, Germering
Druck und Bindung: GGP Media GmbH, Pößneck
Printed in Germany
SC · CB
ISBN 978-3-442-22343-5

Besuchen Sie den Goldmann Verlag im Netz

Inhalt

Einführung: Das Netzwerk des Lebens

Alle Lebewesen sind miteinander verbunden. Das ist eine Tatsache. Ich glaube, das spürst du – sonst würdest du dich wohl nicht für Krafttiere und dieses Buch interessieren.

Doch leider sind wir in der Regel ja schon zu weit entfernt von der Natur, um diese wichtige Tatsache – dass alles Leben eins ist – in unserem Alltag zu spüren. Für traditionelle Gesellschaften hingegen, also für sogenannte Naturvölker, war es immer schon eine Selbstverständlichkeit, dass wir mit allem Leben vernetzt sind.

Aber unser Herz kennt die Verbindung. Wer beispielsweise einen Hund oder eine Katze hat, weiß sehr gut, wie absurd es ist, dass Tiere bei uns vor dem Gesetz als »Sache« gelten. Niemand würde sein Haustier so bezeichnen – wie einen Stuhl oder ein Waffeleisen. Im tiefsten Inneren weiß jeder von uns, dass Tiere etwas grundsätzlich anderes sind als Gegenstände.

Wir alle sind Teil des natürlichen Netzwerks des Lebens. Wie sehr wir das im Grunde spüren, sieht man eigentlich immer und überall. Wer Kinder hat, weiß, wie fasziniert sie von Tieren sind – sie wollen ihnen näherkommen, sie berühren, sie bestaunen. Und auch Erwachsene können sich dieser Anziehung kaum entziehen. Filme über die Tierwelt haben immer ein großes Publikum.

Wenn wir uns ansehen, wie traditionelle Gesellschaften Tiere betrachten, erkennen wir, dass die Verbindung mit der Tierwelt weit über bloße Faszination hinausgeht. Tiere sind spirituelle Wesen. Und um diese spirituellen Wesenheiten – Krafttiere, die uns begleiten – wird es in diesem Buch gehen.

Was sind Krafttiere?

Krafttiere sind Geistwesen, die uns auf vielfache Weise helfen können, unter anderem

- uns selbst zu verstehen und unser ganzes Potenzial zu entfalten,
- besondere Fähigkeiten zu entwickeln,
- Krisen und Krankheiten zu überwinden oder
- Einsichten in spirituelle Zusammenhänge zu bekommen.

Menschen, die mit spirituellen Themen wenig anfangen können und die Idee von Krafttieren eher belächeln, wissen meist nicht, wie alt und wie weitverbreitet das schamanische Wissen um Krafttiere tatsächlich ist. Erstaunlicherweise ist die Idee wirklich universell. Nur wenige spirituelle Vorstellungen sind weltweit verbreitet. Krafttiere sind jedoch den indigenen Völkern Süd- und Nordamerikas, den sibirischen Völkern, asiatischen und afrikanischen Kulturen wie auch den australischen Aborigines bekannt. Und ja, selbst bei uns in Europa ist das Wissen um die Krafttiere auch heute noch lebendig – beispielsweise sind bei den Samen (Lappen) Skandinaviens trotz jahrhundertelanger Zwangschristianisierung noch Teile der steinzeitlichen Bärenkulte erhalten.

Und damit kommen wir zu einer anderen interessanten Tatsache: dem Alter der Vorstellung von Krafttieren als Geistwesen. Schon in der Steinzeit gab es offenbar die schamanische Vorstellung von Krafttieren. Die Steinzeit ist die früheste Epoche der Menschheitsgeschichte – sie begann vor über 100 000 Jahren. Schon in den ältesten Höhlenmalereien, die mehr als 40 000 Jahre alt sind, werden nicht nur Tiere und Menschen, sondern auch Tier-Mensch-Mischwesen dargestellt. Offensichtlich war diese erste Form der Kunst Teil eines schamanischen Weltbilds, in dem Tiere und Menschen eng verbunden waren und den Tieren besondere Kräfte zugeschrieben wurden.

Auch dem größten Zweifler müsste das ein wenig zu denken geben. Haben sämtliche spirituellen Heiler und Schamanen seit 40 000 Jahren weltweit alle denselben »Unsinn« geglaubt? Ich finde, das klingt nicht sehr plausibel. Andererseits kann ich aber auch ganz gut verstehen, wie Skeptiker denken und warum sie so denken. Auf den ersten Blick sehen wir ja immer nur die äußere Gestalt und das Verhalten von Tieren. Und was die geistigen Fähigkeiten angeht, so scheinen sie dem Menschen klar unterlegen zu sein: Wölfe bauen keine Autos und Computer, Eulen haben keine Universitäten, an denen sie Weisheit lehren und dicke Bücher schreiben, ein Adler muss ohne Flachbildfernseher auskommen. Und weltweite Kriege und politische Ideologien sind auch noch nie von den uns so unterlegenen Tieren ausgegangen …

An sich ist es natürlich erstaunlich und bewundernswert, was die technische Vernunft des Menschen alles geleistet hat. Ich denke mal, dass auch du sehr froh darüber bist, nicht in einer Höhle leben zu müssen, es schön warm zu haben und einigermaßen sicher zu sein. Das ist selbstverständlich alles sehr wichtig für uns. Eines aber ist leider mit keiner Technologie zu erreichen: Wir werden durch sie weder unsere spirituelle Quelle finden noch unsere seelische Entwicklung fördern oder wirklich Zufriedenheit erlangen.

Auch wenn unsere komfortable Welt geradezu perfekt erscheint: Im Herzen fehlt uns doch etwas, was sie uns nie bieten wird. Wenn wir uns hingegen den »verrückten« alten Ideen zuwenden, die unsere Vorfahren schon vor zigtausend Jahren hatten, kommen wir dem Wesentlichen schon deutlich näher. Und gerade die Beschäftigung mit Krafttieren als spirituellen Seelenbegleitern hilft uns, die Leere zu füllen, die wir trotz allen Überflusses so oft zu spüren bekommen und die wir auch mit noch so viel Konsum nicht verdrängen können.

Doch ich möchte nun gar nicht weiter theoretisieren, sondern einfach direkt in die Welt der Krafttiere einsteigen und ein paar Begriffe klären.

Seelenbegleiter und Helfertier

Es gibt drei Arten von tierischen Seelenbegleitern: das persönliche oder Geburts-, das Initiations- und das Helfer-Krafttier. Sie unterscheiden sich wie folgt:

- **Das persönliche Krafttier.** Das ist dein spiritueller Begleiter seit deiner Geburt. Deshalb schreibe ich oft auch »Geburts-Krafttier« oder »Seelenbegleiter«. Ihr habt gemeinsame Eigenschaften, Schwächen und Stärken. Wenn du weißt, welches Tier »dein« Seelenbegleiter ist, lernst du dich selbst besser kennen und findest leichter den besten Weg, dich zu entwickeln.

- **Das Initiations-Krafttier.** Das ist das Krafttier, das du bei einem Ritual findest – oder von dem du dich finden lässt. Im Grunde entspricht es dem gerade genannten persönlichen Krafttier; der Unterschied ist nur, dass du dich aktiv auf die Suche begibst. So könnte man sagen, das Geburts-Krafttier ist das, was in deinem Unterbewusstsein lebt und dich unbewusst beeinflusst – die Initiation ist der Prozess, bei dem dir das Unterbewusste allmählich und teilweise bewusst wird.

- **Das Helfer-Krafttier.** Jedes Krafttier hat ja bestimmte Stärken, die dir in schwierigen Situationen helfen können. Wenn du dein persönliches Krafttier kennst, wirst du wahrscheinlich dieses als Helfer-Krafttier aufrufen. Doch da jedes Krafttier seine ganz eigenen heilsamen Qualitäten hat, gibt es möglicherweise eines, das dir in der konkreten Lebenssituation besser helfen kann als dein Geburts-Krafttier.

Krafttiere – Spiegel unserer Seele

Dein Geburts-Krafttier, dein Seelenbegleiter, ist in vielerlei Hinsicht ein »Spiegel deiner Seele«. Es ist ein geistiger Führer in tierischer Form, und du tust gut daran, ihn näher kennenzulernen, dich mit ihm anzufreunden, ihm bedingungslose Liebe zu geben und dir von ihm helfen zu lassen, um durch die Herausforderungen und Übergänge des Lebens zu reisen.

Dein Seelenbegleiter steht dir sehr nahe. Psychologen würden vielleicht sogar sagen, dein Seelenbegleiter *bist* du, ist also ein Teil von dir – nämlich dein Unterbewusstsein. Selbst wenn man ein Krafttier nur auf so »wissenschaftliche« Art und Weise sehen will, sind es genau dieselben Dinge, um die es geht: Auch dein Unterbewusstsein solltest du gut kennenlernen, Freundschaft und Frieden mit deinem innersten Wesen schließen und dir selbst bedingungslose Liebe geben – dich akzeptieren, wie du bist, und bereit sein zu wachsen. Du siehst: Es macht erst einmal gar keinen so großen Unterschied, auf welcher Ebene du Krafttiere verstehen willst!

Die Beziehung zu deinem persönlichen Krafttier ist auf jeden Fall eine sehr besondere. Du kannst sie nicht wirklich »wählen«, denn diese Verbindung ist eine seelische, die einfach »geschieht«.

Jeder Mensch hat einen solchen Seelenbegleiter – ein Geburts-Krafttier –, der sein geistiger Führer ist. Selbst dann, wenn er gar nichts davon weiß. Der Seelenbegleiter wirkt in deinem Unterbewusstsein und will immer dein Bestes. Oft muss er dabei gegen andere Kräfte »kämpfen«: gegen die

Erziehung, die Menschen, die dir begegnen, die gesellschaftlichen Erwartungen und Normen und vieles andere. Nicht immer hat dein Krafttier dabei die Oberhand, und so wird es manchmal gezwungen, sich tief im Unterbewussten zu verstecken. Das ist auch der Grund dafür, warum sich dein Krafttier nicht immer ganz offensichtlich in deinem sichtbaren Fühlen, Denken und Verhalten manifestieren wird. Und das ist vor allem der Grund dafür, warum es so wichtig ist, Kontakt mit ihm aufzunehmen und es zu »befreien« – und von ihm befreit zu werden.

Normalerweise hat jeder von uns einen Seelenbegleiter, ein Krafttier, das uns während unseres ganzen Lebens zur Seite steht. Aber auch andere Krafttiere werden dir begegnen, wenn du sie bewusst oder unbewusst um Hilfe bittest. Sie werden sich dann meist in Träumen, Meditationen und spirituellen Seelenreisen zeigen und dir eine Lehre, eine Inspiration oder konkrete Unterstützung für einen bestimmten Zeitraum bieten.

Manchmal heißt es ja, dass man sein Krafttier »wählen« soll. Ich glaube jedoch nicht, dass dies möglich ist. Würden Menschen ihr Krafttier »wählen«, hätten die meisten einen Tiger, einen Elefanten, ein Einhorn oder einen Drachen als Krafttier – weil sie gern so wären, wie sie sich dieses Tier vorstellen. So läuft es aber nicht. Meistens wirst du wahrscheinlich überrascht sein, welches Krafttier in Meditationen, Träumen oder bei einer Visionssuche zu dir kommt, um dich zu unterstützen, und dabei wirst du erkennen, dass die Gesetze des Lebens selten mit unseren Erwartungen übereinstimmen.

Es hat viele Vorteile, sich auf die Suche nach seinem Krafttier zu machen. Der Kontakt zu einer Welt, die jenseits der sichtbaren Welt liegt, wird dein Leben radikal verändern. Die Energie deines Krafttiers wird sich sowohl auf deine körperlichen wie auch auf deine geistigen und emotionalen Kräfte auswirken.

Die Verbindung mit deinem Krafttier kann vor allem auch zu einem spirituellen Erwachen führen. Erst wenn du die Energien erkennst, über die du wirklich verfügst, kannst du ganz zu dem Menschen werden, der du wirklich bist. Erfüllung, Glück und innerer Frieden werden die Folge sein.

Ob dir das nun schon bewusst ist oder nicht: Indem du dieses Buch liest, bist du längst bereit für die verwandelnde Reise, auf die du dich sonst gar nicht erst begeben hättest.

Auf dieser Reise, die dich mehr und mehr zu deinen verborgenen Qualitäten und letztlich zu dir selbst führen wird, möchte ich dich begleiten und dir, soweit das eben als Autorin geht, zur Seite stehen.

Also, brechen wir auf …

Die Krafttiere unserer Heimat

Ich habe für den Hauptteil dieses Buches zwölf Krafttiere ausgewählt – nicht die, die am bekanntesten und »tollsten« sind, wie Tiger, Elefant, Gazelle oder Löwe. Die Krafttiere, die uns am nächsten stehen und zu denen wir einen besonderen Zugang finden können, sind immer diejenigen, mit denen wir durch denselben Lebensraum und, leider immer weniger, durch persönliche Erfahrungen verbunden sind. Wir könnten auch sagen, dass diese Krafttiere unserer Heimat in besonderem Sinne unsere »Seelenverwandten« sind.

Im »Krafttierkreis« siehst du diese zwölf Tiere (siehe Abbildung nächste Seite). Jeweils drei für jedes der »Elemente«: Feuer, Erde, Wasser und Luft. Damit musst du dich jetzt erst einmal nicht befassen, denn dabei geht es vor allem um theoretische Erkenntnisse und energetische Verbindungen, zu denen ich später mehr verraten werde.

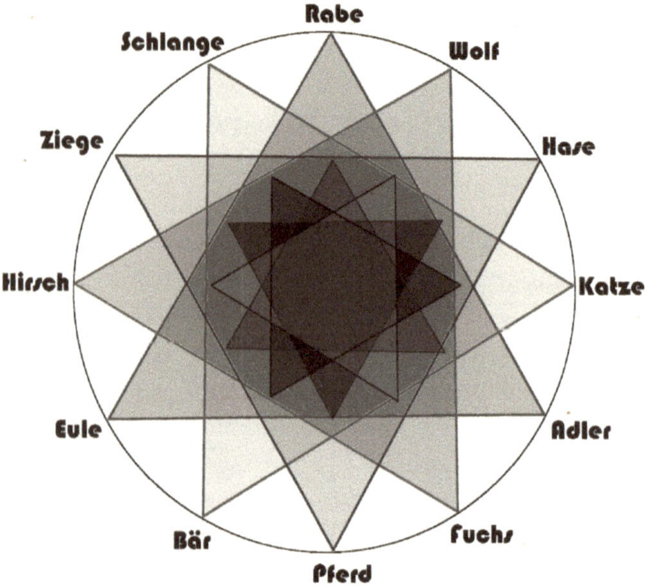

Es gibt natürlich noch weitere Krafttiere. Im Grunde kann sogar jedes Tier ein Krafttier sein. Ich habe daher noch weitere 24 Tiere unserer Heimat aufgenommen und kurz beschrieben. Und auch wenn dein Krafttier exotischer ist – beispielsweise der Elefant oder der Delfin –, weil du persönliche Erfahrungen mit diesem Tier hast oder es dir bei einem schamanischen Ritual als Krafttier erschien, wirst du in diesem Buch alles finden, was du brauchst, um Kontakt mit deinem Seelenbegleiter aufzunehmen.

Fürs Erste möchte ich – nach einem kurzen Test, in dem du vielleicht deinen Seelenbegleiter entdeckst – die zwölf

Krafttiere unserer Heimat ein wenig genauer beschreiben und hoffe, dass du so ein Gefühl dafür bekommen wirst, um was es bei der Arbeit mit Krafttieren im Kern geht.

Test: Welches Krafttier steht dir nahe?

Wenn du überhaupt keine Idee hast, welches dein Krafttier sein könnte, und du deiner Intuition nicht wirklich vertraust, wenn du zwar vielleicht eine Ahnung hast, die aber überprüfen möchtest – oder wenn du einfach neugierig bist … dann habe ich hier einen hilfreichen Test für dich.

Nun ist es ja prinzipiell so eine Sache mit Tests, die Menschen erfassen sollen. Das geht eigentlich nicht. Jeder Mensch ist schließlich einmalig. Deshalb möchte ich betonen, dass dieser Test nur eine ganz grobe Orientierungshilfe geben soll.

Er gibt dir einen Anhaltspunkt, doch wenn dein Gefühl etwas anderes sagt, vertraue lieber deinem Gefühl. Lass dir von keinem Test sagen, was du fühlen sollst, auch nicht von diesem hier! Und wenn du dein Krafttier in Träumen, Visionen, Initiationen oder Ritualen findest, der Test aber ein anderes Tier ergibt, dann vertraue eher deinen Erfahrungen im Traum, in der Vision, der Initiation oder in den Ritualen.

Du kannst also mit anderen Worten ganz entspannt an die Sache herangehen:

Beantworte einfach jede der folgenden Fragen mit »stimmt« (Zeichen: ×), »stimmt nicht« (Zeichen: 0) oder »ein bisschen«/»vielleicht«/»weiß nicht« (Zeichen: ?). Mach dein Zeichen am besten neben der Nummer für die Frage – dann wird es beim Auswerten einfacher.

1. Ich finde kluge Menschen interessant.
2. Ich bin mir meist sehr bewusst, was um mich herum vorgeht.
3. Ich bin geschickter als die meisten Menschen.
4. Mut ist eine sehr wichtige Tugend.
5. Ich bin stolz auf das, was ich geleistet habe.
6. Wenn ich mir etwas vornehme, dann setze ich es auch durch.
7. Es ist wichtiger, klug als schön zu sein.
8. Vorsicht und Mut gehören zusammen.
9. Ich bin ziemlich selbstbewusst.
10. Ich behalte gern den Überblick.
11. Ich bin sehr flexibel und anpassungsfähig.
12. Ich mag Katzen lieber als Hunde.
13. Ich träume manchmal von Hunden oder Wölfen.
14. Auch in scheinbar ausweglosen Situationen finde ich einen Weg.
15. Das Ziel des Lebens ist Weisheit.
16. Manche Menschen fürchten mich grundlos.
17. Mir ist es wichtig, nützlich für die Welt zu sein.
18. Ich entziehe mich Konflikten, ohne feige zu sein.
19. Ich lege auch auf das Äußere Wert.
20. Aus Streit und Konflikten halte ich mich in der Regel heraus.
21. Meine Liebsten verteidige ich mit aller Kraft.
22. Der Himmel ist mir nah.

23. Im Grunde bin ich Einzelgänger, aber ich bin auch ein guter Teamplayer.
24. Ich sehe mir die Dinge gern genau an.
25. Achtsamkeit spielt in meinem Leben eine wichtige Rolle.
26. Ein guter Plan ist der Schlüssel zum Erfolg.
27. Ich bin stolz auf meine Stärken.
28. Es macht mich stolz, dass manche Menschen mich bewundern.
29. Ich erkenne manchmal Dinge, die andere vielleicht übersehen.
30. Ich habe mir klare Ziele gesetzt.
31. Begeisterung ist die stärkste Seelenkraft.
32. Oft verstehen andere mich nicht richtig.
33. Ich weiß, dass ich bekommen kann, was ich will.
34. Die Dummheit der anderen ist meine Stärke.
35. Ich bin ein loyaler Freund.
36. Ich glaube nicht an unglückliche Vorzeichen oder Unglücksboten.

Auswertung:

Nachdem du nun alle 36 Fragen beantwortet hast, möchtest du natürlich gern wissen, welches Krafttier dir am ehesten entspricht.

Du hast ja die Fragen mit »stimmt« (×), »stimmt nicht« (0) oder »ein bisschen«/»vielleicht«/»weiß nicht« (?) beantwortet. Nun trägst du im Feld mit der entsprechenden Fragennummer

- eine 3 ein, wenn du × (»stimmt«),
- eine 1, wenn du ? (»ein bisschen«/»vielleicht«/»weiß nicht«), und
- eine 0, wenn du **0** (»stimmt nicht«)

geantwortet hast.

Die Fragennummern findest du in der unten stehenden Tabelle. Wenn du also Frage 4 mit »stimmt« beantwortet hast, schreibst du in das erste Feld, in der Zeile »Wolf«, eine 3. Wenn du alle 36 Felder ausgefüllt hast, zählst du für jede Zeile die Zahlen, die du eingetragen hast, zusammen und erhältst dann eine Zahl zwischen 0 und 9. Diese Zahl schreibst du in die letzte Spalte.

Je höher die Zahl, desto höher ist deine Übereinstimmung mit dem jeweiligen Krafttier. In der zweiten Tabelle findest du ein Beispiel.

Wolf	4	13	23	=
Hase	2	20	25	=
Katze	3	14	33	=
Adler	10	22	24	=
Fuchs	8	26	34	=
Pferd	9	19	35	=
Bär	12	21	27	=
Eule	15	29	32	=
Hirsch	5	28	31	=
Ziege	6	17	30	=
Schlange	11	16	18	=
Rabe	1	7	36	=

Wolf	4 3	13 3	23 3	= 9
Hase	2 0	20 0	25 1	= 1
Katze	3 1	14 3	33 0	= 4
Adler	10 1	22 1	24 0	= 2
Fuchs	8 0	26 3	34 3	= 6
Pferd	9 1	19 3	35 0	= 4
Bär	12 2	21 3	27 3	= 8
Eule	15 3	29 0	32 2	= 5
Hirsch	5 1	28 1	31 0	= 2
Ziege	6 1	17 1	30 0	= 2
Schlange	11 1	16 0	18 0	= 1
Rabe	1 2	7 2	36 2	= 6

Du siehst nun schon an den Zahlen, welche Krafttiere bei deinem Test besonders stark sind. Vielleicht gehörst du aber zu den Menschen, die Zahlen nicht besonders mögen, sondern lieber sinnlich erfassen, worum es geht – mir geht es zumindest so. Du kannst das Ergebnis des Testes mithilfe des Krafttierkreises dann auch visualisieren – und das hilft oft beim Verständnis der Zusammenhänge. Dazu machst du einfach für jeden Punkt, den du bei einem der zwölf Krafttiere bekommen hast, einen Strich über dem betreffenden Tier im Krafttierkreis (siehe Abbildung nächste Seite).

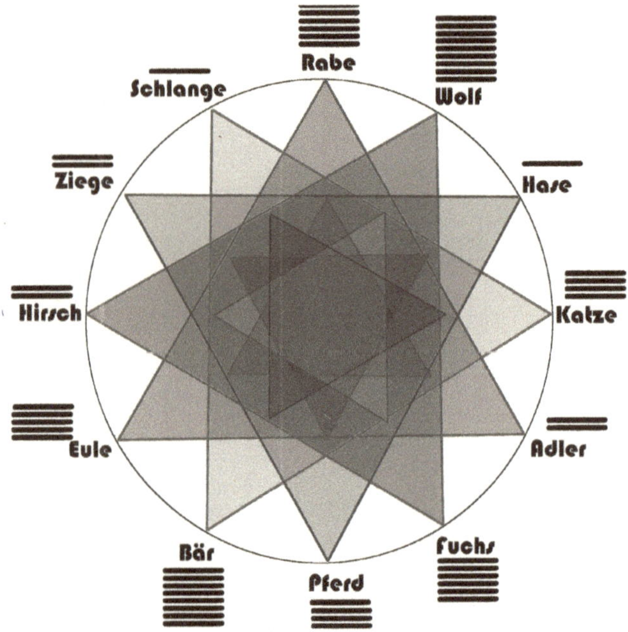

Hier wäre also der Wolf das Krafttier mit den meisten Übereinstimmungen. Auch Bär, Fuchs und Rabe sind stark.

Heißt das nun, dass du ein Wolf »bist«? Oder dass der Wolf dein Krafttier ist? Nicht unbedingt. Der Test liefert nur einen Anhaltspunkt. Jetzt kommt es darauf an, dem nachzuspüren und in dir zu suchen.

In unserem Beispiel fallen besonders der Wolf und der Bär auf. Mut und Stärke. Und auch der Fuchs und der Rabe, die für List und Klugheit stehen, sind wichtig. Das sind weitere Hinweise auf der Suche nach deinem persönlichen Krafttier.

Und dennoch: Wann immer du etwas anderes fühlst – folge deinem Gefühl und deinem Herzen, denn auf sie kannst du dich immer verlassen.

Im Folgenden gehen wir nun näher auf die zwölf Haupt-Krafttiere ein, um anschließend 24 weitere häufige Seelenbegleiter stichwortartig zu beschreiben. In jedem Abschnitt der zwölf Haupttiere möchte ich dir das Tier vorstellen, wie es die Biologie und die Mythologie sehen, wie du erkennst, dass dieses Krafttier dein Krafttier ist und welche Eigenschaften es hat, was es bedeutet, wenn dieses Krafttier dein Geburts-Krafttier ist, was deine wichtigsten Lebensaufgaben sind und wie dir dein Krafttier helfen kann. Und zum Abschluss werde ich jeweils noch eine Fabel, eine mythologische Erzählung oder ein Märchen wiedergeben, in dem dieses Krafttier eine Rolle spielt – denn es ist gut möglich, dass du über eine Geschichte leichter intuitiv erkennst, ob dies dein Krafttier ist.

Der Wolf

Der Wolf ist das größte heute noch lebende Raubtier aus der Familie *Canis*, der Hunde. Er ist ein Urbild der Wildnis und der Freiheit – und dennoch der Urahn aller Haushunde. Auch heute noch sind Hunde und Wölfe so eng miteinander verwandt, dass sie gemeinsam Junge haben können. Und der Hund ist der älteste Begleiter des Menschen.

Der Wolf gilt als ein wichtiges Krafttier, und er wurde seit Urzeiten in vielen Kulturen verehrt. Bis dieses edle Tier dann ab dem 15. Jahrhundert so sehr verfolgt wurde, dass es in Mitteleuropa im 19. Jahrhundert praktisch ausgerottet war. Doch es macht Mut, dass sich die Menschen wieder neu zu besinnen scheinen. Heute ist der Wolf auch in Deutschland wieder präsent – es gibt mittlerweile über 150 Wolfsrudel.

Der Wolf in der Mythologie

Der Wolf ist ein mystisches Tier. Und daher wundert es nicht, dass er in der Mythologie vieler Völker eine große Rolle spielt. Auch bei den Germanen wurde dem Wolf ein Ehrenplatz eingeräumt. Dem Göttervater Odin standen nämlich zwei Wölfe zur Seite, Geri und Freki. Sie waren immer dabei, wenn es darum ging zu kämpfen – und dabei zeichneten sie sich durch ihre außerordentliche Tapferkeit aus.

Es gab noch weitere Wölfe, die in der Mythologie der Germanen erscheinen, nämlich Skalli und Hati, die Sonne und Mond jagen, bis schließlich die Sterne vom Himmel fallen und Ragnarök, der Weltenbrand, beginnt. Die Erde fängt an zu beben, und zwar so sehr, dass alle Berge in sich zusammenstürzen. Dadurch wird der Fenriswolf befreit – das erste Kind des Gottes Loki und der Riesin Angrboda –, der erst den Mond und dann Odin (der später wiedergeboren wird) verschlingt.

In der keltischen Mythologie hat der Wolf ebenfalls seinen festen Platz. So wird Cormac mac Airt, der später Hochkönig wurde, unmittelbar nachdem er geboren war, von einer Wölfin entführt und von ihr großgezogen. Als er dann König in Tara wurde, begleitete ihn seine Wolfsfamilie an den Königshof.

Woran erkennst du, dass du ein »Wolf« bist?

Eines der hervorragenden Merkmale des Wolfes ist sein starkes Gemeinschaftsgefühl. Wenn du dich als Mitglied einer starken Gruppe besonders wohlfühlst und du großen Wert auf eine gute Gemeinschaft legst, ist das schon ein wichtiger Hinweis. Bist du hingegen eher Einzelkämpferin und fällt es dir schwer, Autoritäten zu akzeptieren, dann spricht das wohl dagegen, dass dein Krafttier der Wolf ist.

Ein Wolf hat zwar den Wunsch zu führen, aber nicht auf Kosten der Gemeinschaft. Wenn jemand anders besser geeignet ist, hat der Wolf kein Problem damit, sich unterzuordnen und der- oder demjenigen loyal beizustehen.

Ganz wichtig für den Wolf ist die Familie. Jemand, dessen Krafttier der Wolf ist, stellt die Familie an erste Stelle. Kein Wunder – ist die Familie doch die Grundform jeder Gemeinschaft.

Ein weiterer Hinweis auf den Wolf als Krafttier ist es, wenn du eine besondere Beziehung zum Mond hast; das heißt, wenn du den Wechsel der Mondphasen deutlich spüren kannst und diese deine Stimmungen beeinflussen.

Auch die Jahreszeit, in der du dich am wohlsten fühlst, kann dir einen wichtigen Hinweis geben. Allerdings musst du dazu etwas genauer hinschauen, denn oberflächlich gesehen mögen wohl alle Menschen einen warmen, nicht zu heißen Sommertag am See. Doch während manche von der Hitze und Sonne gar nicht genug kriegen können, wird es anderen leicht zu viel, da sie sich im Grunde in einer anderen Jahreszeit zu Hause fühlen. Beim Wolf ist das der Winter, noch genauer, die »Wolfszeit« Januar bis Februar. Wenn dein Krafttier der Wolf ist, wird der Jahresanfang »deine Zeit« sein, in der du dich am glücklichsten fühlst und besonders viel Energie hast.

Haupteigenschaften des Wolfes

- Gemeinschaftsgefühl
- Familiensinn
- Führungsstärke
- Loyalität
- Durchsetzungskraft
- Gute Intuition
- Freiheitsliebe
- Mut

Wenn du ein »Wolf« bist ...

... dann weißt du, dass die positiven Eigenschaften des Wolfes in dir stecken. Ob sie sich allerdings auch manifestieren oder ob sie gar ins Gegenteil umschlagen, das hängt einzig und allein mit deinen Lebenserfahrungen, deinen Glaubenssätzen und den Schwierigkeiten zusammen, die du überwinden musstest.

Dennoch: Sobald du erst einmal weißt, dass du ein »Wolf« bist, kannst du deine positiven Aspekte viel leichter erkennen und entwickeln. Und du kannst dann auch eher darauf achten, dass die typischen Schwierigkeiten, denen Menschen mit dem Wolf als Krafttier besonders oft begegnen, dein Leben nicht negativ beeinflussen.

Als »Wolf« hast du das Potenzial, zum Anführer zu werden. Du besitzt sehr gute Führungseigenschaften, doch du bist nicht egoistisch und kannst dich auch gut in ein Team einfügen, wenn du überzeugt davon bist, dass eine andere Person besser führen kann. Du wirst dann nicht den Drang haben, sie zu sabotieren, um selbst an die Macht zu kommen.

Wer skrupellos um die vorderen Positionen kämpft, ist alles andere als eine gute Führungspersönlichkeit – das weißt du sehr genau, darum geht es dir immer um die Entwicklung und den Erfolg des Ganzen. Dein Selbstbewusstsein ist stark. Und so wird dein Ego auch nicht beschädigt werden, wenn du dich einer Person unterordnest, die besser ist. Falls du allerdings nicht von der höheren Qualität deiner Konkurrenz überzeugt bist, wirst du furchtlos den Kampf aufnehmen.

Für jedes Unternehmen bedeutet ein »Wolf« immer einen Gewinn, da er stark und durchsetzungsfähig ist, ohne auf Kosten der Firma nach Macht und Anerkennung zu streben. Ein »Wolf« als Vorgesetzter verfügt über natürliche Autorität und hat es nicht nötig, seine Untergebenen herablassend zu behandeln. Er bringt in seinen Mitarbeitern stets das Beste zum Vorschein.

Als Selbstständige wirst du deine Firma mutig, mit Durchsetzungskraft, aber immer auch mit dem Blick auf das Wohlergehen all deiner Angestellten zum Erfolg führen, denn im Grunde deines Herzens bist du ein Teamplayer.

So positiv das alles jetzt vielleicht klingt – es beschreibt leider nur das, was sich manifestiert, wenn du alle Wolfseigenschaften in idealer Weise in deine Persönlichkeit integrieren kannst. Die Fähigkeit, eine großartige Vorgesetzte oder ein loyales Mitglied der Gruppe zu sein, ist das Potenzial, das in deinem Unterbewusstsein vorhanden ist. Es ist ein großer Vorteil, wenn du darum weißt.

Die Energie deines Krafttiers wirkt sich auf viele Bereiche deines Lebens aus. Allerdings natürlich nicht auf alle, denn auch Einflüsse von außen – zum Beispiel von Eltern, Lehrern oder der Gesellschaft, in der du lebst – haben deine Persönlichkeit beeinflusst.

Vielleicht hast du schon als Kind gelernt, dass es wichtig ist, sich gegen andere durchzusetzen. Dann kann der Wolf als Krafttier dir eher hinderlich sein und dich egoistisch machen. Wohlfühlen wirst du dich dabei jedoch nicht – im Gegenteil: Es widerspricht dem inneren Wesen des Wolfes, um des Sieges willen zu siegen, denn im Grunde ist er ja immer auf den Vorteil für die Gemeinschaft ausgerichtet. Solange du die Energie des Wolfes in dir nicht zur Entfaltung gebracht hast, wirst du ständig mit inneren Konflikten zu kämpfen haben, nicht zur Ruhe kommen und dich nie wirklich »angekommen« und erfüllt fühlen, so weit das egoistische Streben dich auch bringen mag.

Ein anderes Problem, auf das »Wölfe« stoßen, ist paradoxerweise ihre Loyalität. Dann nämlich, wenn diese einem Hochstapler oder einem charismatischen, aber egoistischen Populisten entgegengebracht wird. Hat der Wolf erst einmal jemanden als Anführer anerkannt, ist seine Ergebenheit kaum zu erschüttern. Er ist also anfällig für »Verführer« und kann sich zu Bösem verleiten lassen.

Erkennst du diese Probleme hingegen, weil du Verbindung mit deinem inneren Krafttier aufgenommen hast und dir die unterbewussten Konflikte bewusst werden, wird sich dein Leben sehr positiv verändern. Dann kannst du aus der Kraft und dem Mut des Wolfes schöpfen und deine Ziele leichter verwirklichen. Und du kannst die Gefahren, die sich aus den im Grunde positiven Eigenschaften deines Krafttiers ergeben, besser erkennen und ihnen entschlossener begegnen.

Die wichtigsten Lebensaufgaben

- Werde dir deiner Führungsstärke bewusst.
- Hüte dich vor Egoismus, und behalte das Ganze im Blick.
- Mach dir klar, dass du aus der Gemeinschaft Kraft schöpfst.
- Hüte dich vor »starken« Führern, und gib deine Loyalität nicht blind.
- Entwickle Vertrauen in deine Intuition.

Wie die Verbindung zum Wolf dir helfen kann

Während ich bereits über dein unterbewusstes Potenzial sprach, über dein persönliches Krafttier, das dich seit deiner Geburt begleitet und ein Teil von dir ist, möchte ich dir nun zeigen, wie das Krafttier Wolf dir in schwierigen Lebenslagen beistehen kann, ganz gleich, welches Krafttier du von Natur aus als Begleiter hast.

Immer dann, wenn es darum geht, gute Führung zu bieten, sei es bei deinen Kindern oder im Beruf, kann dir der Wolf beistehen, und du kannst dir, wenn du mit dem Krafttier Wolf Verbindung aufnimmst, Rat und Weisung holen. (Wie du Kontakt zu einem Krafttier aufnimmst, erfährst du ab Seite 231.)

Auch bei jeder Art von familiären Problemen, gerade dann, wenn du verzweifelt über den Stand der Dinge bist, wenn es Streit in der Familie gibt und die Gemeinschaft auseinanderzubrechen droht, kann dir der Wolf mit seinem Familiensinn, seinem Gemeinschaftsgefühl, seiner Intuition und auch seiner Durchsetzungskraft Hilfe leisten.

Überhaupt: die Intuition. Sie ist eine der Stärken des Wolfes. Wenn du also in einer Situation bist, die sich nicht vollständig durch dein Wissen und Können lösen lässt, kannst du Verbindung mit dem Wolf aufnehmen und dein intuitives Potenzial wecken.

Nicht zuletzt spielt der Mut eine wichtige Rolle. Jede schwierige Lebenslage, jede richtungsverändernde Entscheidung erfordert ein gewisses Maß an Courage. Wenn du also Mut brauchst, um beherzt eine Krise durchzustehen oder eine schwierige Entscheidung zu treffen, kann das Krafttier Wolf dir eine große Hilfe sein.

Helferfunktionen des Wolfes

- Bei jeder Art von Problemen in Familie und Beruf.
- Wenn du dich beherzt durchsetzen musst.
- Bei Schwierigkeiten in Führungsaufgaben.

Affirmationen für den Wolf

Um die Wolfsenergie in dir zu wecken und Verbindung zum Wolf aufzunehmen, können Affirmationen eine gute Möglichkeit sein. Das sind Sätze, die in deinem Unterbewusstsein ihre Wirkung entfalten. Es geht nicht allein um die Worte, sondern um die Gefühle, die du mit diesen Worten verbindest, und die Gefühle, die diese Worte in dir auslösen.

Affirmationen wirken am besten, wenn du sie im Rahmen eines kleinen Rituals durchführst:

- Setz dich hin, und schließe die Augen.
- Stell dir einen starken Wolf vor, der über dich wacht.
- Wiederhole die Affirmation, bis du das Gefühl hast, dass der Wolf zufrieden ist.

Affirmationen:

- Ich bin ein wichtiger Teil der Gemeinschaft.
- Mutig vertraue ich meiner Intuition und setze mich durch.
- Ich bin mir meiner Führungsstärke bewusst und setze sie zum Wohl der Gemeinschaft ein.

Die zwei Wölfe

Ein alter Mann saß mit seinem Enkel am Feuer. Der Junge fragte: »Großvater, wie kommt es, dass ich manchmal froh und friedlich bin, manchmal aber auch ärgerlich und wütend?«

»Nun«, sprach der Großvater, »in jedem von uns leben zwei Wölfe: der eine dunkel und aggressiv, der andere hell und friedlich. Stets kämpfen sie miteinander – und ihre Kämpfe spiegeln sich in uns.«

»Aber welcher der beiden Wölfe wird gewinnen?«, fragte der Junge.

»Der, den du fütterst!«, sprach der Alte.

Der Junge nickte. Das leuchtete ihm sofort ein. Doch nach einer Weile kamen ihm Zweifel, und er fragte: »Gewinnt nicht der Mutigere?«

»Ja!«, sprach der Großvater. »Aber Ärger und Hass bedürfen des Mutes nicht, wohl aber Nachsicht und Liebe.«

Der Wolf und der Drache

Seit Wolfsgedenken lebte der Mondwolf-Clan in den Wäldern am Fuße des Großen Berges. Den Berg umgab ein Geheimnis. Es hieß, dass in einer Höhle nahe dem Gipfel ein Drache hauste. Die Alten waren sich nicht einig, was nun mit diesem Drachen geschehen sei: Die einen meinten, er sei vor langer Zeit schon gestorben, andere glaubten, er habe sich eine neue Heimat gesucht, und wieder andere sagten, sicher schliefe er nur. Alle aber waren sich einig, dass es besser wäre, die Höhle nicht aufzusuchen oder gar in sie einzudringen. Seit vielen Generationen hielt sich jeder an diese Warnung, selbst die, die glaubten, der Drache sei tot oder weit fort.

Der junge Wolf Famir aber wollte nicht einfach glauben, was die Alten sagten. Unter den Mutigen war er der Mutigste – und Wissbegierigste. Er wollte herausbekommen, was es mit der Höhle und dem Drachen wirklich auf sich hatte. Und so machte er sich eines Tages auf, die Höhle zu suchen und vielleicht sogar den lebenden oder toten Drachen zu sehen.

Nun war es nicht so einfach, eine Höhle zu finden, von der niemand genau wusste, wo sie lag. Tatsächlich wusste nicht nur niemand, wo sie sich verbarg – in Wahrheit wusste niemand wirklich, ob es die Höhle überhaupt gab. Der Berg war groß, viele Stellen waren selbst für einen mutigen Wolf nur schwer zu erreichen, und weiter oben gab es steile und gefährliche Felsen. Famir aber ließ sich von alldem nicht davon abhalten, auf die Suche zu gehen. Aus Tagen wurden Wochen, und er hatte die Höhle immer noch nicht gefunden. Doch Famir wollte keinesfalls aufgeben. Er umkreiste den ganzen Berg, wieder und wieder, nach jeder Umrundung ein wenig höher.

Famir magerte ab, aber er wurde zugleich auch immer kräftiger. Einmal fiel er in eine Felsspalte, schließlich konnte er sich jedoch wieder befreien. Und dann, eines Tages, fand er die Höhle. Nun ward ihm doch etwas mulmig: Der Geruch, der aus der Höhle drang, war anders als alle Gerüche, die er kannte. Aber er zögerte nicht lang. Vorsichtig, sehr vorsichtig betrat er die Höhle. Zunächst war es nur ein langer Gang, der in die Tiefe des Berges führte. Er war so breit wie drei Wölfe, die nebeneinandergehen, und ebenso hoch. Überall glitzerte es, denn auf dem Boden lagen Edelsteine und Goldstücke. Die interessierten Famir jedoch überhaupt nicht, denn Wölfe sind nicht so verrückt wie die Menschen.

Famir drang immer weiter vor. Es war dunkel, aber nicht zu dunkel, um zu sehen. Denn immer wieder waren Spalten im Fels, durch die ein wenig Licht drang. Der seltsame Geruch wurde zunehmend stärker, und Famir witterte Gefahr. Doch er war mutig und ließ sich dadurch nicht beirren; er schritt nur ein wenig langsamer voran. Dann aber öffnete sich der Gang in eine weite Höhle. Diese Höhle war mit Gold und Edelsteinen gefüllt, die einen kleinen Hügel bildeten – und auf diesem Hügel lag ein schlafender Drache.

In dem Augenblick, da Famir die gewaltige Kammer betrat, erwachte der Drache. Er brüllte so laut, dass der Fels zu wackeln schien. Der Drache war fürchterlich groß und beängstigend und mit metallenen Schuppen bedeckt – und jeder hätte wohl sofort die Flucht vor ihm ergriffen. Famir jedoch floh nicht. Er sah in dem Haufen aus Gold und Edelsteinen ein glänzendes Schwert liegen, dessen Knauf einen Wolfskopf darstellte. Er fühlte sich magisch von diesem Schwert angezogen.

Sobald er es mit einer Pfote berührte, verwandelte Famir sich in einen Mann-Wolf. Nun hatte er Hände, mit denen er das Schwert halten und gegen den Drachen kämpfen konnte. Er schwang die Klinge, doch sie prallte wirkungslos an den Metallschuppen ab. Der Drache schnappte nach Famir und schlug mit seinen riesigen Pranken, doch der Mann-Wolf war zu flink. So ging es hin und her, und keiner konnte einen Vorteil gewinnen. Schließlich aber war der Sieg des Drachen abzusehen, denn seine Energie war fast unerschöpflich, während Famir keuchte und sein Schwertarm allmählich schwer wurde.

Und dann geschah es: Der Drache schlug Famir das Schwert aus der Hand, und sein großes Maul schnappte zu. Wäre Famir weiterhin ein Wolf-Mann geblieben, hätte ihm der Drache den Kopf abgebissen - doch in dem Moment, als das Schwert seine Hand verließ, war er wieder Wolf. Und als er unter dem Drachenkopf lag, sah er einen roten Fleck auf der Kehle des Drachen - die einzige Stelle, an welcher der Drache verwundbar war. Famir sprang hoch und biss zu. Der Drache stieß einen gewaltigen Schrei aus, floh aus der Höhle und ward nie mehr gesehen.

Nachdem Famir sich von dem Kampf erholt hatte, machte er sich auf den Weg zurück zum Lagerplatz des Clans.

Noch viele Generationen später erzählten die Großväter ihren Welpen die Geschichte von Famir, dem Mutigsten der Mutigen.

Der Hase

Was fällt dir als Erstes ein, wenn du an Hasen denkst? Wahrscheinlich ist es eines von zwei Merkmalen: entweder die langen Ohren oder aber die außerordentliche Fruchtbarkeit. Was es mit den Ohren auf sich hat, erfährst du im Märchen am Ende dieses Kapitels. Also lass uns erst einmal über die Fruchtbarkeit der Hasen sprechen: Eine Häsin kann dreimal im Jahr trächtig werden; das dauert dann jeweils etwa eineinhalb Monate, und sie bringt bis zu fünfzehn Hasenkinder auf die Welt. Da kommt in einem Jahr schon eine richtige Großfamilie zusammen.

Kein Wunder, dass der Hase überall als Fruchtbarkeitssymbol gilt. Und er ist für noch etwas bekannt: Seine Schnelligkeit und seine angebliche Furchtsamkeit sind sprichwörtlich. Doch der Hase ist gar nicht feige, sondern einfach nur vorsichtig. Und das ist doch meist ziemlich schlau.

Der Hase in der Mythologie

In der nordischen Mythologie kommt der Hase als Liebling und Begleiter der Ostara vor, der Tochter Odins und Frickas. Ostara ist die Göttin der Morgenröte, des Frühlings und der Fruchtbarkeit.

Der Name »Ostara« kommt dir wahrscheinlich sehr bekannt vor; schließlich heißt das größte Fest der Christen »Ostern«. Und das ist kein Zufall. Noch bevor das Christentum im nordischen Kulturkreis Einzug hielt, gab es auch hier schon wichtige Feste. Eines davon war die Frühjahrssonnwende: Die Göttin Ostara und die Wiederauferstehung der Natur wurden gefeiert – sinnlich und ausgelassen.

Die Vorstellung von der Wiederauferstehung gab es ja nun im Christentum auch, wenngleich sie hier eine ganz andere Bedeutung hatte. Und so wurde aus dem Ostara-Fest das Osterfest, mit dem die Auferstehung des Gottessohnes Jesus bis heute gefeiert wird.

Was außer dem Namen auch noch Teil der Tradition blieb, war der Hase, das Lieblingstier Ostaras, das wie gesagt für seine Fruchtbarkeit bekannt war. Und noch ein weiteres Symbol der Neugeburt wurde übernommen: das Ei. So wurde aus den alten germanischen Symbolen unser Osterhase, der die Eier bringt.

Bei den Kelten war die Symbolik in der Mythologie ähnlich. Auch bei ihnen galt der Hase als Sinnbild für Fruchtbarkeit – und für Sanftheit. Die Kelten glaubten darüber hinaus, dass der Hase Feenblut in seinen Adern habe und mit Cailleach in Verbindung stehe, der kosmischen Göttin von Himmel, Erde, Sonne und Mond.

Woran erkennst du, dass du ein »Hase« bist?

Der Hase hat viele besondere und bedeutende Eigenschaften: Die vielleicht wichtigste ist, dass er für Achtsamkeit steht. Wenn du ein »Hase« bist, fällt es dir leichter als anderen, ganz im Hier und Jetzt zu leben, statt dich ins Grübeln und in Sorgen zu vertiefen. Bist du hingegen jemand, der ziemlich viel in Gedanken an die Vergangenheit und/oder Zukunft abschweift, so wird dein Krafttier vermutlich eher nicht der Hase sein. Vielleicht wäre er dann aber als Helfertier für dich genau richtig.

Die Bedeutung der Achtsamkeit kann gar nicht hoch genug eingeschätzt werden. Achtsam zu leben heißt, mehr von dem wahrzunehmen, was da ist. Es heißt, sich von Bewertungen und Urteilen zu befreien und im einzigen Augenblick zu leben, der wirklich existiert: im Jetzt. Achtsamkeit ist also auf jedem spirituellen Weg, ja letztlich sogar auf jedem Lebensweg, wichtig, um erfüllt und wach zu leben. Daher ist der Hase als Helfertier auch so beliebt.

Die Achtsamkeit des Hasen zieht einige andere, sehr positive Eigenschaften nach sich. Sensibilität und Spontaneität sind die direkte Folge. Wer im Jetzt lebt, nimmt mehr wahr als andere und reagiert sensibler auf seine Umwelt. Und weil er nicht lang abwägen muss, sondern die Signale seines Unterbewusstseins schnell erkennt, handelt er spontan. Trifft das auf dich zu? Dann ist das ein weiterer Hinweis darauf, dass der Hase dein ursprüngliches Krafttier sein dürfte.

Ein zweiter Eigenschaftskomplex des Hasen hängt mit Fruchtbarkeit im weitesten Sinne zusammen. Nun war der Hase ja schon immer ein Symbol der Fortpflanzung – Hasen sind sprichwörtlich vermehrungsfreudig. Doch wenn wir nur diese oberflächliche Manifestation der Fruchtbarkeit sehen, greifen wir zu kurz. Das Krafttier Hase steht auch für die geistige und spirituelle Kreativität. Die Fruchtbarkeit entspricht dem Schöpferischen, dem weiblichen Prinzip. Wenn der Hase dein Geburts-Krafttier ist, bist du mit hoher Wahrscheinlichkeit ein kreativer Mensch. Vielleicht bist du Künstlerin, oder aber du bist einfach in deinem Alltag sehr ideenreich, wenn es darum geht, Lösungen für alltägliche Probleme zu finden. Und sicher bist du auch eine gute Kommunikatorin, und es gelingt dir müheloser als den meisten, mit deinen Vorstellungen zu überzeugen. »Hasen« fällt es leicht, ihre Ideen, die fast immer im Überfluss vorhanden sind, in die Welt zu tragen.

Diese Überzeugungskraft haben auch einige andere Krafttiere – doch beim Hasen fällt auf, dass sie sich eher mit weiblicher Energie und sanft durchsetzen als mit roher (Gedanken-)Kraft.

Seine vielen positiven Aspekte machen klar, warum der Hase auch für Reichtum steht: Mit dem Hasen als Krafttier wird sich materieller und innerer Wohlstand wie von selbst einstellen.

Gilt der Hase aber im Allgemeinen nicht eigentlich als ein schwaches Tier? Schon – nur trifft das eben überhaupt nicht zu. Der Hase ist in spiritueller und geistiger Hinsicht nämlich ganz im Gegenteil ein besonders starkes Tier. Er ist auch kein »Angsthase«, sondern eher ein »Vorsichtshase« – spontan und achtsam zu sein heißt ja nicht, gedankenlos und zufällig zu handeln. Achtsamkeit ist auch Umsicht. Der

Hase ist durch seine Achtsamkeit, Kreativität und Sensibilität ein absoluter Überlebenskünstler.

Wer sich die vielen positiven Eigenschaften des Hasen bewusst macht, übersieht dabei oft eine wichtige: Er verfügt über eine große Entscheidungsstärke, gerade weil er nicht übermäßig grübelt und sich sorgt. Im Hier und Jetzt zu sein und spontan, aber kraftvoll auf die Ressourcen des Unterbewusstseins zurückgreifen zu können, ist das, was den Hasen in jeder Hinsicht stark macht.

Als weiteres Erkennungsmerkmal des Hasen gilt der Monat, in dem seine Energie am stärksten hervortritt: der April. Ist das der Monat, in dem du dich besonders kraftvoll und kreativ fühlst? Dann wird auch das ein weiteres Zeichen dafür sein, dass der Hase wahrscheinlich dein spiritueller Begleiter ist.

Haupteigenschaften des Hasen

- Achtsamkeit
- Überlebenskunst
- Entscheidungsstärke
- Spontaneität
- Sensibilität
- Vorsicht
- Verbreitung von Ideen
- Kreativität
- Fruchtbarkeit

- Weibliche Energie
- Wohlstand
- Erkennen neuer Perspektiven
- Sanftheit

Wenn du ein »Hase« bist ...

... hast du, zumindest in deinem Unterbewusstsein, einen wahren Schatz an wunderbaren Kräften. Nun kommt es natürlich darauf an, dass du diese Kräfte auch in dir erkennst, aufspürst, annimmst und verwirklichst.

Die Erkenntnis, dass du ein »Hase« bist, kann der Beginn einer spannenden Entwicklung sein; auf jeden Fall hilft es dir aber zu verstehen, nach welchen vielleicht bisher verborgenen Eigenschaften du überhaupt suchen sollst. Und wenn du die Eigenschaften deines Krafttiers erst einmal kennst, wird dich dein Seelenbegleiter umso stärker unterstützen.

Ich habe es ja schon gesagt, doch es ist so wichtig, dass ich mich gern wiederhole: Achtsamkeit ist für jeden Menschen ein Weg, um zu Zufriedenheit und Fülle zu finden. Als »Hase« solltest du die Chance nutzen, dass dein Tierbegleiter, der seit deiner Geburt bei dir ist, dich jederzeit mit der Energie der Achtsamkeit verbinden kann. Wenn du dich darauf einlässt, wird es dir viel leichter als anderen fallen, achtsam zu leben – was dich wiederum sensibler, spontaner und glücklicher macht.

Indem du Achtsamkeit kultivierst, sorgst du auch dafür, dass die Sensibilität, die natürliche Vorsicht und die Kreativität des Hasen sich nicht in Form von Ängsten manifestieren. Der Hase ist nämlich wie gesagt durchaus *kein* Angsthase. Doch wenn Sensibilität nicht in die richtigen Bahnen gelenkt wird, können leicht allerlei Sorgen und Ängste auftreten.

Diese Sorgen und Ängste entstehen möglicherweise auch dann, wenn Kreativität und Sensibilität nicht in Harmonie mit den anderen positiven Eigenschaften des Hasen sind. Das ist meist dann der Fall, wenn beispielsweise typische Eigenschaften wie Spontaneität oder Entscheidungsstärke durch Erziehung oder Lebenskrisen unterdrückt wurden.

Wenn du dich deinem Krafttier wirklich ganz und gar zuwenden willst, solltest du dich auch für *alle* seine positiven Aspekte öffnen, denn auf diese Weise verhinderst du Fehlentwicklungen. Dazu musst du lernen, achtsam zu bleiben und genau hinzusehen. Es entspricht nämlich *nicht* dem Hasen wegzulaufen, sobald Furcht oder Sorgen auftauchen. Sorgen und Ängste spielen sich nie im Jetzt, sondern immer nur in deiner Vorstellung ab. Und es gibt lediglich einen Weg, wie sich all deine Ängste und vermeintlichen Schwächen auflösen werden: Stell dich ihnen!

Zu den wichtigsten Haupteigenschaften des Hasen gehört also die Kreativität. Kultiviere unbedingt deine schöpferische Ader. Sie ist ein Teil von dir. Wenn dein Geburts-Krafttier der Hase ist, schlummert ein gewaltiges kreatives Potenzial in dir. Sieh mal nach, in welchen Bereichen du jetzt bereits ideenreich bist – und ob deine Kreativität dort produktiv oder eher chaotisch zum Tragen kommt.

Wichtig für dich als »Hase« ist es, deine kreative Kraft in produktive Bahnen zu lenken und bei allen schöpferischen Tätigkeiten fokussiert zu bleiben.

Deine Kreativität kann dir viele neue Chancen eröffnen. Wenn du achtsam bist, wirst du diese Chancen erkennen. Nutze sie! Scheue dich auch nicht, deine Ideen und Bedürfnisse klar auszudrücken.

Wenn du lange zögerst, ist das meist ein Zeichen dafür, dass du nicht wirklich im Hier und Jetzt verankert bist. Und es zeigt, dass du dir selbst oder, genauer gesagt, deinem Unterbewusstsein, dem Teil, der mit deinem Krafttier kommuniziert, nicht aus tiefstem Herzen vertraust. Doch wenn du auch nur den ersten Schritt tust, kannst du dich absolut darauf verlassen, dass dich dein Krafttier begleitet und unterstützt!

Nicht zuletzt ist das Thema weibliche Energie wichtig, wenn du ein »Hase« bist. Solltest du ein Mann sein, heißt das nicht, dass du jetzt zur Frau werden sollst. Natürlich nicht. Doch jeder Mensch hat einen weiblichen und einen männlichen Pol. Wenn diese Pole einander nicht die Waage halten, gerät das Leben aus dem Gleichgewicht. Das kann man leicht missverstehen, wenn man bei »weiblich« und »männlich« nur an die Geschlechtsidentität denkt. Vielleicht führt das chinesische Begriffspaar vom kosmischen Prinzip »Yin und Yang« hier zu mehr Klarheit. In jedem Menschen wirkt Yang-Kraft (männliche Energie): das Helle, Kraftvolle, Aufbauende und Zerstörende. Aber eben auch Yin-Kraft (weibliche Energie): das Dunkle, Sanfte, Erschaffende und Nährende. (Sicher kennst du das Yin-Yang-Symbol ☯, das die gegenseitige Bedingung und die Dynamik der Gegensätze illustriert.) Mit diesen Beschreibungen ist natürlich keinerlei moralische oder sonstige Wertung verbunden: Diese beiden Kräfte bedingen und unterstützen einander in ewigem Wechsel. Die eine Kraft begrenzt die andere – dafür ist es nicht nötig, dass beide gleich groß oder gleich stark sind, sondern sie müssen einander nur harmonisch ergänzen und in Bewegung sein. Und die eine ist ohne die andere nicht denkbar.

Dass der Hase Träger der weiblichen Energie ist, bedeutet also, dass du deine Ziele leichter auf sanfte, kreative und vorsichtige Art und Weise erreichen wirst, da die weibliche Energie deines Begleiters kraftvoller wirken kann als die männliche. Als Frau wirst du dein Frausein ganz umarmen können, als Mann kannst du deine weibliche Energie nutzen, um zu verstehen und deine Kreativität zu leben.

Die wichtigsten Lebensaufgaben des Hasen

- Erkenne die Bedeutung der Achtsamkeit für dein Leben.
- Nutze dein kreatives Potenzial.
- Überwinde deine Ängste und Schwächen.
- Triff Entscheidungen schnell und sicher.
- Erkenne und nutze deine Chancen.
- Entdecke die weibliche Energie in dir.

Wie die Verbindung zum Hasen dir helfen kann

Der Hase ist ein Krafttier, das gern als Helfer herbeigerufen wird – von Menschen, die er nicht ohnehin schon als Geburts-Krafttier begleitet.

Die vielen guten Eigenschaften des Hasen machen ihn zu einem mächtigen Helfer in vielerlei schwierigen Lebenslagen. (Wie du Kontakt zu einem Krafttier aufnimmst, erfährst du ab Seite 231).

Es gibt viele Situationen, in denen es sinnvoll ist, dich mit diesem Krafttier zu verbinden und um seine Unterstützung zu bitten. Auf eine handfeste Krise musst du dafür nicht warten. Es genügt schon, dass du beispielsweise Schwierigkeiten damit hast, achtsam zu bleiben oder es überhaupt zu werden. Wenn du also Probleme damit hast, deine Achtsamkeit zu entwickeln und im Leben wirklich voll da zu sein, kann der Hase dir wertvolle Unterstützung geben.

Allerdings gibt es auch Schwierigkeiten, welche die Form einer Krise annehmen können. Als Krafttier kann der Hase dich dabei unterstützen, diese Krisen als Chance zu nutzen. Das ist zum Beispiel dann der Fall, wenn du es mit sexuellen Problemen, Zyklusstörungen, Menstruationsproblemen, Impotenz oder auch einem unerfüllten Kinderwunsch zu tun hast. Ebenso, wenn deine kreative Energie blockiert ist und du beispielsweise an einer Schreibhemmung leidest. Es kann leicht zu depressiven Stimmungen führen, wenn wir die Verbindung zu unserer kreativen Quelle verlieren und es uns zunehmend schwerfällt, uns auszudrücken. Als Krafttier kann der Hase uns dann wichtigen Beistand leisten. Und sogar wenn wir mit finanziellen Schwierigkeiten zu kämpfen haben, wird uns der Hase als Krafttier uns dabei unterstützen, Auswege zu finden, was auch eine Form von Kreativität ist.

Helferfunktionen des Hasen

- Wenn dir mehr Achtsamkeit guttäte.
- Bei unerfülltem Kinderwunsch oder Impotenz.
- Bei kreativen Blockaden.
- Beim Erlangen von Wohlstand.

Affirmationen für den Hasen

Die Hasenenergie kannst du unter anderem mit Affirmationen wecken. Dein Unterbewusstsein nimmt zwar auch die Worte wahr, vor allem aber die Assoziationen und Gefühle, die du damit verbindest. Welche Gefühle, inneren Bilder und Gedanken löst die Affirmation in dir aus? Achte gut darauf. Affirmationen wirken am besten, wenn du sie im Rahmen eines kleinen Rituals durchführst:

- Setz dich und schließe die Augen.
- Stell dir einen Krafttier-Hasen vor, der neben dir sitzt und dich mit wachen, sanften Augen ansieht.
- Wiederhole die Affirmation, bis du das Gefühl hast, dass dein Hasen-Begleiter zufrieden ist.

Affirmationen:
- Ich bin stark, mutig und achtsam.
- Ich fühle die Kraft meiner Kreativität in dem, was ich tue.
- Ich ergreife die Chancen, die sich mir bieten.

Wie der Hase seine Ohren gewann

Odin der Göttervater und seine Gefährtin Fricka hatten eine Tochter, Ostara, die war so schön wie die Morgenröte. Nachdem Odin und Fricka mithilfe ihres Sohnes Thor die Eisriesen, die Hrimthursen, besiegt hatten, war der lange Winter überwunden. Der langersehnte Frühling konnte endlich Einzug halten.

Das Lieblingstier Ostaras war der Hase, der zu dieser Zeit allerdings noch keine langen Ohren hatte. Einst ruhte Ostara in ihrem Lustgarten, und als sie schlief, näherten sich Jöten, Nachkommen der Eisriesen, die beschlossen hatten, sich an den Asen, den germanischen Göttern, zu rächen. So wollten sie Odins Tochter entführen, um ihn zu demütigen. Doch Ostaras Hase, Hjas, war aufmerksam und wachte über seine Herrin.

Als er die Jöten heranschleichen sah, sprang er rasch davon, um ihren Bruder Thor zu Hilfe zu holen. Thor kam auch schnell wie der Wind herbeigeeilt. Er schwang seinen großen Hammer und tötete die Jöten, ohne dass Ostara überhaupt etwas von dem Überfall gemerkt hatte. Stattdessen schlummerte sie weiter in völliger Ahnungslosigkeit. Als Ostara schließlich erwachte und von der Wachsamkeit Hjas' und Thors Hilfe hörte, war sie dankbar und hatte beide noch lieber als zuvor.

Zum Dank und als Ehrenzeichen verlieh Odin dem Hjas seine großen Ohren, die alle seine Nachfahren bis heute tragen.

Die Katze

Von der Rostkatze Indiens, die ausgewachsen auf eine Handfläche passt, bis zum Königstiger – alle Katzen haben schon auf den ersten Blick viele Eigenschaften gemein. Katzen sind sehr effektive Jäger, äußerst flexibel und kraftvoll, und sie sind mit herausragenden Sinnen und beeindruckenden Muskeln ausgestattet.

Die Katze gilt seit jeher als ein besonders starkes Krafttier und begleitet den Menschen schon seit etwa 10 000 Jahren. In Ägypten wurde sie wenig später gar zu einer Gottheit, der Katzengöttin Bastet, die Schönheit, Anmut, Weiblichkeit, Fröhlichkeit und Liebe verkörperte. Die Katzen, die bei uns als Haustiere leben, sind nicht mehr so sehr Mäusefänger als vielmehr Seelentröster. Jeder Katzenfreund weiß, dass in einer Katze mehr steckt, als auf Anhieb sichtbar ist. Und er weiß auch: Eine Katze im Haus sorgt immer wieder für Überraschungen.

Die Katze in der Mythologie

Als früher Begleiter der Menschen erscheint die Katze, die ja schon auf den ersten Blick eine Aura des Geheimnisvollen ausstrahlt, natürlich in den Mythologien vieler Völker.

Ob bei den oben bereits erwähnten Ägyptern, bei den alten Indern oder Chinesen – die Katze war in den frühesten Zivilisationen präsent. Die Chinesen glaubten, dass es nur zwei Wesen mit einer Seele gäbe: den Menschen und die Katze.

In Europas Mittelalter war das Leben für Katzen nicht mehr so leicht. Einerseits schätzte man sie zwar als Mäusefänger. Andererseits aber wurde ihnen ihre geheimnisvolle Ausstrahlung oft zum Verhängnis: Der mittelalterliche Aberglaube sah in Katzen allzu oft etwas Dämonisches; sie waren die Begleiterinnen von »bösen Hexen«. Es konnte sogar so weit gehen, dass jemand, der mit einer Katze freundlich umging, der Gotteslästerung angeklagt wurde. Eine Katze ins Fundament einer neu erbauten Kirche als Symbol des Sieges über das Böse einzumauern war in dieser Zeit ein abscheulicher Brauch.

Bei den Germanen waren die Katzen hingegen noch beliebt. Die Göttermutter Freya fuhr in der nordischen Mythologie mit einem von ihren Katzen Bygul (Honig) und Trjegul (Bernstein) gezogenen Wagen. Der Donnergott Thor hatte indes eine weniger angenehme Begegnung mit einer Katze: Er sollte in einem Wettkampf eine Katze vom Boden heben – doch die erwies sich schließlich als die ungeheure Midgardschlange.

In der keltischen Mythologie findet sich Cait Sith, eine sagenhafte Katze, die in den schottischen Highlands leben soll. Man erkennt sie an ihrem weißen Fleck auf der Brust – ansonsten ist sie schwarz wie die Nacht. Ihr Name bedeutet »Feenkatze«.

Woran erkennst du, dass du eine »Katze« bist?

Eine »übersinnliche Begabung« ist ein deutlicher Hinweis darauf, dass dein spiritueller Begleiter eine Katze ist. Umgekehrt gilt das allerdings nicht. Wenn du übersinnlichen Phänomenen gegenüber also eher skeptisch bist, spricht das noch lange nicht dagegen, dass du eine »Katze« bist.

Anders verhält sich die Sache jedoch mit der Sinnlichkeit: Ein sinnlicher Mensch ist zwar nicht unbedingt eine »Katze« – doch jemand, dessen sinnliches Gespür kaum ausgeprägt ist, wird mit großer Wahrscheinlichkeit keine sein.

Die Sinnlichkeit spielt beim »Katzen-Menschen« nämlich eine wichtige Rolle. Das muss sich nicht unbedingt im Äußeren ausdrücken, doch es zeigt sich deutlich im Fühlen. Bei Menschen, deren Geburtsbegleiter eine Katze ist, steht die sinnliche Wahrnehmung der Welt im Zentrum – ihr sinnliches Empfinden ist besonders stark entwickelt, und es fällt ihnen leichter als anderen, ihr Leben auf sinnliche Weise zu genießen. Sie genießen den Wind auf ihrer Haut, das Lichtspiel der Sonne zwischen Blättern, das Rauschen eines Bächleins, den Geruch der Blüten und der Erde … Gleichzeitig herrscht bei ihnen aber in aller Regel auch das Gefühl, dass es da noch etwas gibt, was über die gewohnten Sinne hinausgeht. Es ist ein Gespür für das, was für die Augen unsichtbar bleibt. Und weil wir den entsprechenden Sinn nicht kennen, nennen wir es oft das »Übersinnliche«.

Wenn dein Seelenbegleiter die Katze ist, wirst du wahrscheinlich eher gelassen und sehr selbstbestimmt sein, du stichst durch deine Unabhängigkeit und deine überdurchschnittliche Willenskraft hervor. Nicht eine einzelne dieser

Eigenschaften ist typisch für die Katze, sondern alle zusammen in einer harmonischen Balance.

Auch für die Katze gibt es einen besonderen Monat, einen, in dem du dich, wenn du eine »Katze« bist, besonders stark, kraftvoll und froh fühlst. Der »Katzenmond« ist der Juli. Trifft das auf dich zu? Bist du im Hochsommer absolut energiegeladen und genießt ihn mit allen Sinnen? Typisch Katze!

Haupteigenschaften der Katze

- Selbstbestimmtheit
- Starke Willenskraft
- Gelassenheit
- Flexibilität
- Balance
- Unabhängigkeit
- Sinnlichkeit
- Sinn fürs Übersinnliche

Wenn du eine »Katze« bist ...

... hast du eine mächtige Begleiterin mit hervorragenden Eigenschaften an deiner Seite. Und da dein Krafttier ein Teil deiner selbst ist, hast auch du selbst diese Eigenschaften – zumindest potenziell. Vielleicht spürst du tief im Inneren, dass dein Krafttier die Katze ist. Und doch kannst du einige der oben genannten Eigenschaften nicht in dir wiederfinden? Dann liegt die Ursache darin, dass diese Eigenschaften und Fähigkeiten von Lernerfahrungen verschüttet wurden, die du als Kind oder durch eingreifende Ereignisse in deinem Leben gemacht hast. Sobald du jedoch weißt, wonach du in deiner Seele suchen musst, und sobald du dir deiner Möglichkeiten wirklich bewusst wirst, wird es sehr viel leichter für dich werden, dein wahres Selbst zu finden.

Wenn du eine »Katze« bist, gehst du deinen eigenen Weg. Du bist du selbst und lässt dir von anderen nicht dreinreden. Sollte dir das schwerfallen, ist es eine wichtige Lebensaufgabe für dich, dass du lernst, Meinungen anderer nicht allzu wichtig zu nehmen. Dass du dir die Urteile anderer über dich zu Herzen nimmst, entspricht nicht deinem innersten Wesen. Dann bist du wahrscheinlich in Angst vor Ablehnung gefangen. Nimm den Kontakt zu deinem Krafttier auf und lerne, diese Ängste zu überwinden.

Es ist oft nicht nur die Angst vor Ablehnung, die Schwierigkeiten machen kann, sondern es kommt als Folge der Angst, abgelehnt zu werden, nicht selten zu einer Schutzreaktion: Wir halten uns andere Menschen vorsorglich lieber vom Leib und gehen »sicherheitshalber« keine Beziehungen ein.

Daher ist es wichtig, dir klarzumachen, dass es erst einmal darum geht, deine eigenen Werte zu verwirklichen. Dazu musst du andere nicht ablehnen – du kannst ganz einfach du selbst sein und dabei die anderen ebenfalls sie selbst sein lassen.

Was dich vielleicht gefangen hält, sind Lern- und Lebenserfahrungen, die dir bestimmte Verhaltens- und Denkmuster eingeprägt haben, welche jetzt die natürliche Entfaltung deiner »Katzennatur« verhindern.

Du kannst und sollst ganz du selbst sein. Deine starke Willenskraft, gepaart mit deiner Flexibilität und deiner prinzipiellen Unabhängigkeit, sind wunderbare Voraussetzungen für ein erfülltes, individuelles und vielseitiges Leben. Nur musst du dich hüten vor Eigensinn und dem grundsätzlichen Widerstand gegen das, was andere dir sagen.

Übertriebener Eigensinn und das übertriebene Wichtignehmen anderer Meinungen sind zwei Seiten einer Medaille. Bei beiden ist der Kontakt zu deinem Krafttier gestört, und du kannst nicht mehr auf deine krafttiervermittelten Fähigkeiten und Eigenschaften zugreifen. Ob dich das dann zu rebellisch oder zu angepasst macht, hängt von deinen Lebenserfahrungen ab.

Wenn du um dein Krafttier weißt, kannst du die alten Denk-, Gefühls- und Verhaltensmuster durchbrechen, in Beziehung zu deinem Krafttier treten und dich von ihm mit all seinen wunderbaren Kräften unterstützen lassen.

Ein guter Rat für jeden, dessen Krafttier die Katze ist oder der Kontakt mit der Katze als Helfertier aufnehmen will: Probiere es auf jeden Fall mit Sinnlichkeit und Sanftheit. Das sind beides Dinge, von denen sich das Krafttier Katze angezogen fühlt, weil sie ihm so ganz entsprechen. Probiere aus, was geschieht, wenn du deine Werte und Ziele, das, was du selbst bist, durchsetzt – die Willenskraft, welche die Katze kennzeichnet, ist ja zumindest latent vorhanden –, und zwar auch dann, wenn andere dich kritisieren und dir widersprechen. Das hast du vielleicht auch schon bisher gemacht. Nun aber kommt das, was die Katze in dir weckt und ihre Energien mobilisiert: Setze Sanftheit und Flexibilität ein. Das heißt, dass du dich beispielsweise nicht streitest. Und dass du nicht für deine Sache kämpfst – sondern sie einfach machst!

Natürlich wird dann erst einmal der Widerspruch deiner Kritiker lauter werden. Hör ihnen ruhig zu, und hüte dich vor Eigensinn – vielleicht kannst du ja doch etwas Interessantes lernen, einen Aspekt erfahren, den du noch nicht berücksichtigt hast. Doch lass alles Persönliche an dir abgleiten. Interpretiere auch Kritik nicht automatisch als Kritik an dir als Person. Toleriere die anderen, wie du dir wünschst, dass sie dich tolerieren. Und du wirst sehen, dass dich das weiterbringt als Streit und Kampf. Wenn du nämlich nicht streitest und kämpfst, laufen deine Widersacher ins Leere. Man kann nicht mit jemandem streiten, der nicht auf den Streit eingeht. Und es wird nicht lange dauern, bis die anderen zumindest teilweise anerkennen und akzeptieren, was du tust. Vielleicht beeindruckt es manche sogar, dass du einfach dein Ding machst, das, was deinen Werten entspricht. Und du genießt dabei die ganze Unterstützung deines mächtigen Krafttiers.

Die wichtigsten Lebensaufgaben der Katze

- Sei du selbst, und toleriere die anderen.
- Löse alte Verhaltens- und Denkmuster auf.
- Überwinde Angst und Ablehnung.
- Nimm Meinungen anderer nicht zu wichtig.
- Verwirkliche deine eigenen Werte.
- Hüte dich vor Eigensinn.

Wie die Verbindung zur Katze dir helfen kann

Wenn du erkennst, welche wundervollen Eigenschaften das Krafttier Katze hat, kannst du dir vielleicht schon so manch eine Situation vorstellen, bei der du die Katze als Helfertier gut brauchen könntest. (Wie du Kontakt zu einem Krafttier aufnimmst, erfährst du ab Seite 231.)

Manchmal ist es im Leben notwendig, eine neue Richtung einzuschlagen – sei es, dass du spürst, einen falschen Weg eingeschlagen zu haben, oder sei es, dass sich die Lebensumstände oder die Welt verändert haben und du etwas loslassen musst, was früher hilfreich und sinnvoll war. In solchen Krisen sind die Eigenschaften des Krafttiers Katze sehr wertvoll.

Zum einen hilft dir die geistige Flexibilität, Gewohntes aufzugeben. So klar die Anzeichen für eine notwendige Veränderung und das Ablegen von nicht mehr sinnvollen Gewohnheiten auch sind – du hast sie jahrelang »eingeübt«, und es kann wirklich schwierig sein, das Notwendige zu tun. Hier ist die Flexibilität der Katze ein großes Geschenk. Aber es kommen noch viele andere Ebenen hinzu, auf denen die Katze dich unterstützen kann. Die starke Willenskraft und die Unabhängigkeit, die diesem mächtigen Krafttier zu eigen sind, helfen dir beispielsweise bei allen neuen Projekten – insbesondere aber dann, wenn das neue Projekt du selbst bist.

Auch bei beruflichem oder familiärem Stress wird dir die Katze als Krafttier beistehen. Die Katze steht ja für Gelassenheit und Balance – genau die Eigenschaften, die bei Überforderung von unschätzbarem Wert sind.

Seit jeher ist die Katze auch ein Helfer, wenn es darum geht, sein Innerstes zu erforschen, seine Herzensziele zu finden und sie zu verfolgen. Die spirituelle Suche ist nicht selten von Ängsten begleitet. Das Neue ist zwar spannend, aber es macht eben oft auch Angst; meist spielt vor allem die Befürchtung, nicht geliebt oder akzeptiert zu werden, eine entscheidende Rolle. Wenn du die Katze als Helferin an deiner Seite hast, wird es dir viel leichter fallen, Ängste aufzulösen und mit der (oft nur eingebildeten) Ablehnung deiner Mitmenschen positiv umzugehen.

Nicht zuletzt ist die Katze auch der ideale Helfer, wenn du die Welt des »Übersinnlichen« erkunden willst. Diese Suche ist durch Täuschung und vor allem Selbsttäuschung gefährdet. Die Unabhängigkeit, Sinnlichkeit und die natürliche Verbindung der Katze mit dem durch die gewohnten Sinne nicht Erfassbaren macht sie zum besten Begleiter auf diesem Weg.

Helferfunktionen der Katze

- Unterstützt dich beim Loslassen alter Verhaltens- und Denkmuster.
- Hilft dir dabei, deine Herzensziele zu finden, die deine persönlichen Werte verwirklichen.
- Erleichtert es dir, mit Ängsten und Ablehnung umzugehen.
- Hilft dir, die Welt des »Übersinnlichen« zu erforschen.

Affirmationen für die Katze

Um die Energie der Katze in dir zu wecken und mit diesem mächtigen Krafttier Verbindung aufzunehmen, kannst du Affirmationen verwenden. Das ist eine besonders einfache Möglichkeit. Diese kurzen Sätze wecken Gefühle in dir und aktivieren Kräfte in deinem Unterbewusstsein. Die Worte sind nicht »heilig«; versuche, deine persönliche Formulierung zu finden, wenn du dich mit den unten vorgeschlagenen Assoziationen nicht gut identifizieren kannst. Die Gefühle, die du mit diesen Worten verbindest, und die Gefühle, die diese Worte in dir auslösen, sind das, worauf es ankommt.

Setze die Affirmationen wie ein kleines Ritual ein:

- Setz dich hin, und schließe die Augen.
- Stell dir eine kraftvolle, elegante Katze vor, die dich neugierig ansieht und dir zur Seite steht.

→ Wiederhole die Affirmation, bis du das Gefühl hast, dass die Katze zufrieden ist und schnurrt.

Affirmationen:
- Ich tue, was mir mein Herz sagt.
- Was auch kommen mag: Ich kann mich allem anpassen und dabei ich selbst bleiben.
- Ich bin gelassen und halte die Balance.

Katzenherz

Es gibt »gute« und »böse« Hexen. Fjalla war so böse, wie es nur geht. Hexen, gute wie böse, können aber wenig ausrichten, wenn sie keinen Vertrauten haben: eine Eule, einen Raben, eine Schlange oder eine Katze. Nun sind Eulen und Raben meist zu klug, um sich mit einer bösen Hexe zu verbinden, und Schlangen sind undurchschaubar und daher gefährlich. Katzen aber sind die Geschäfte der Menschen meist ziemlich gleichgültig, und so schert es sie auch wenig, ob eine Hexe nun gut oder böse ist.

Fjalla jedenfalls hatte eine Katze namens Ada als Vertraute. Adas Aufgaben waren gering: Sie ließ es zu, dass die Hexe ihre Haare sammelte, sie fing Mäuse, die an die Vorräte gingen, und sie half der Hexe bei Zaubersprüchen – denn alle echte Zauberei benötigt die natürliche Magie von Tier-Vertrauten.

Eines Abends hörte Ada, die hinter dem Ofen ruhte, ein Gespräch der Hexe mit einem Grafen, der von der Hexe einen

Liebestrank verlangte, da er hässlich wie eine Kröte war, aber die schönste Jungfer seines Hofes zur Frau begehrte.

Nun hatte Ada viel von der Hexe gelernt und wusste nur zu gut, dass ein solcher Zaubertrank ein Katzenherz als wichtige Zutat benötigte. Es sträubten sich ihre Haare, denn sie ahnte wohl, welches Katzenherz die Hexe verwenden wollte. Besser, sie hielte sich fern von ihr.

Die Hexe jedoch war listig und lockte Ada in einen Käfig. »Ach, meine liebe Ada. Ich brauche deine Dienste nötiger denn je.«

»Ich weiß, du brauchst ein Katzenherz«, sagte Ada. »Aber du hast wohl übersehen, dass es keinesfalls das Herz einer schwarzen Katze sein darf. Ich wäre dir gern zu Diensten, aber ...« Ada hatte seidiges Fell, schwarz wie die Nacht.

»Stimmt das auch?«, fragte die Hexe misstrauisch. »Oder willst du dich nur herausreden?«

»Es stimmt. Und ich werde dir beweisen, dass ich deine treue Vertraute bin: Ich werde dir ein Katzenherz besorgen – von einer schneeweißen Katze!«

Nun war Fjalla zwar ein wenig misstrauisch, doch die Gier war stärker. »Mein liebes Kätzchen! Wenn du mir dieses Herz bringst, wirst du es nicht bereuen!« Damit sperrte sie den Käfig auf.

Ada machte sich auf den Weg. Ein Katzenherz? O nein! Sie schlich in das kleine Städtchen nahe des Waldes und suchte Streit – und da Katzen recht streitlustig sind, musste sie nicht lange suchen. So balgte sie sich mit ein paar frechen Katern, bekam einige Hiebe ab, aber verteilte noch mehr. Schließlich war sie zufrieden. Sie blutete leicht aus ein paar Wunden –

und gerade das war ihre Absicht. Denn nun grub sie eine Wurzel aus, gab einige ihrer Blutstropfen darauf und sprach einen Zauber, den sie der Hexe abgelauscht hatte. Dadurch erschien die Wurzel nun wie ein blutendes Herz.

Als sie Fjalla dieses Schein-Herz brachte, jubelte die Hexe und konnte Ada gar nicht genug loben. Da sie ja offensichtlich einen Kampf hinter sich hatte, hatte die böse Frau auch keinerlei Zweifel an ihrer Geschichte.

Munter machte sie sich daran, den Liebestrank für den Grafen zu brauen. Am nächsten Tag kam der Graf, empfing den Trank und ließ einen Beutel Gold da.

Die folgenden zwei Tage aber lag der Graf im Bett, er spie sein Essen aus und wurde ganz grün im Gesicht – denn eine Wurzel ist nun einmal kein Katzenherz. Kaum konnte der Graf sein Bett wieder verlassen, ließ er die Hexe von seinen Soldaten holen und in den Kerker werfen, wo sie den Rest ihres Liebestranks trinken musste.

Ada aber lebte fortan glücklich und in Frieden ohne die Hexe im Hexenhaus.

Der Adler

Der Adler war als einer der größten Greifvögel in allen Kulturen ein verehrtes Tier. Der Name »Adler« sagt schon alles: Er ist die neudeutsche Form des mittelhochdeutschen *adelare*, wörtlich »Edelaar«. (»Aar« bedeutet so viel wie »großer Vogel«.) Was macht den Adler so »edel«? Seine Majestät, sein stolzer Kopf, sein Flug? Vielleicht. Vielleicht ist es aber einfach dem Gefühl der Ehrfurcht geschuldet, die wohl jeder beim Anblick eines Adlers spürt. »König der Lüfte« ist das, was uns sofort durch den Kopf geht.

Schon im Altertum, ja wahrscheinlich bereits vor allen Aufzeichnungen, war der Adler ein Symbol von Macht und Herrschaft. Und das ist er bis heute geblieben: Immer noch ist er das Wappentier vieler Länder, auch Deutschlands und Österreichs.

Der Adler in der Mythologie

Auf zahlreichen Vasen, Münzen, Schmuckstücken und Alltagsgegenständen wurde bereits in der Antike der Adler abgebildet. Das war nur natürlich, da der Adler in der Mythologie vieler Völker auftaucht. Im indischen Rigweda ist der

Adler Garuda ein Götterbote. Die Sumerer erzählten die Sage von Gilgamesch, der von einem Adler gerettet wurde. Bei den Griechen war er das Symbol für Zeus, den Göttervater, und bei den Römern das Zeichen für dessen Äquivalent Jupiter. Auch kennt wohl jeder Bilder oder Filme der nordamerikanischen Ureinwohner, in denen die Häuptlinge Adlerfedern tragen, da der Adler den Großen Geist symbolisiert. Sogar im Christentum war der Adler ein Symbol für das Göttliche, nämlich für Jesus Christus.

Natürlich war der Adler auch in der Mythologie der Germanen und Kelten vertreten. Bei den Germanen sitzt im Geäst des Weltenbaumes Yggdrasil ein gewaltiger Adler, der wie der Göttervater Odin die Ereignisse in aller Welt beobachtet.

Für die Kelten war der Adler ein Seelenträger, der mit dem Sonnengott Lugh in Verbindung stand. Er galt auch – neben Eule, Amsel und Hirsch – als eines der am längsten auf der Welt existierenden Tiere.

Woran erkennst du, dass du ein »Adler« bist?

Als Adler-Verbundener wirst du schon gemerkt haben, dass deine Wahrnehmung schärfer ist als die der meisten anderen Menschen. Das muss nicht unbedingt heißen, dass du besonders gute Augen oder Ohren hast, auch wenn das bei »Adler-Menschen« oft der Fall ist. Doch du hast einen Blick für Details, ohne dabei jemals das Ganze aus den Augen zu verlieren. Wenn du hingegen eher jemand bist, der leicht Kleinigkeiten übersieht und ein wenig dazu neigt, den Überblick zu verlieren, ist es nicht so wahrscheinlich, dass der Adler dein Krafttier ist. (Das spräche dann aber dafür, dass der Adler ein gutes Helfer-Krafttier für dich sein dürfte.)

Wenn du den Adler in deinem Herzen trägst, bist du jemand, dem es relativ leichtfällt, über den Dingen zu stehen – und diese »gehobene Position« bietet dir einen guten Schutz vor zerstörerischen negativen Kräften. Wo ein anderer vielleicht verzweifelt oder depressiv ist, spürst du zwar möglicherweise auch Verzweiflung oder tiefe Traurigkeit, doch du lässt dich nicht davon auffressen. Du hast die Fähigkeit, fast wie von außen auf Probleme zu sehen; in dir ist eine lichtvolle Energie, die negativen Kräften entgegenwirkt.

So hast du stets einen Funken von Stärke und Hoffnung in dir, die dich zu deinem Lebenserfolg führen – sei es im Beruf oder im Privaten. Und das ist besonders dann wertvoll, wenn es in deinem Leben einmal düster aussieht.

Sind die Qualitäten des Adlers in dir sehr stark ausgeprägt, so wirst du spüren, dass du eine visionäre Kraft hast: Du siehst deutlich, wie sich die Dinge entwickeln und was der kürzeste Weg zum Erfolg ist. Diese Eigenschaft trifft auf deine Begabung und deine Bereitschaft, Führungsaufgaben zu übernehmen. Du wirst von anderen meist leicht als Führungspersönlichkeit akzeptiert, obwohl man dich oft auch als streng wahrnimmt. Da sich deine Vorstellungen in aller Regel jedoch als sinnvoll und erfolgreich erweisen, akzeptieren andere deine natürliche Autorität.

Der Kraftmonat für den Adler ist der August. Wenn du ein »Adler« bist, wirst du dich wahrscheinlich im Hochsommer am wohlsten und energiegeladensten fühlen.

Haupteigenschaften des Adlers

- Überblick
- Schärfe der Wahrnehmung
- Blick für Details
- Über-den-Dingen-Stehen
- Lichtvolle Energie
- Erfolg
- Überwindung dunkler Kräfte
- Stärke und Hoffnung
- Visionäre Kraft
- Weise, aber strenge Führungskraft

Wenn du ein »Adler« bist ...

... ist das Krafttier Adler ein wichtiger Teil deines Unterbewusstseins und liegt deinem Fühlen und Handeln zugrunde. In dir sind alle Eigenschaften dieses mächtigen Krafttiers angelegt – nun ist es an dir, diese Eigenschaften auch in deinem Leben zu verwirklichen.

Zu wissen, dass du ein »Adler« bist, macht es dir viel leichter, die Adler-Eigenschaften in dir selbst zu entdecken und bewusst zu fördern. Denn es kann gut sein, dass dein Adlerwesen von deinen bisherigen Lebenserfahrungen und Einflüssen durch deine Mitmenschen überlagert wird. Dann besteht deine Aufgabe darin, dein wahres Wesen wieder aufzudecken und zu deinem »Adlerherzen« zurückzufinden.

Als »Adler« fällt es dir besonders leicht, stets die Übersicht zu bewahren und gleichzeitig einen guten Blick für die kleinen und nur vermeintlich unscheinbaren Dinge im Leben zu haben. Das ist nicht nur in vielen Berufen ein gewaltiger Vorteil, sondern kann auch in deinem Privatleben wichtig sein, sofern es dir gelingt, dich auch wirklich mit der Energie des Adlers zu verbinden. Wenn dieser nämlich nur unbewusst wirkt oder von anderen Kräften überlagert wird, kann die Adlerenergie auch zu Schwierigkeiten führen.

Eine dieser Schwierigkeiten ist eine gewisse Neigung zur Intoleranz und Ungeduld: Wenn du jemand bist, der alles im Blick hat, fällt es dir möglicherweise schwer, anderen Menschen, die diese Fähigkeiten nicht haben, mit Nachsicht zu begegnen. Ein weiteres Problem des Adlers kann sein, so sehr über den Dingen zu stehen, dass die Bodenhaftung verloren geht. »Adler« neigen dann dazu, weltfremd und zu abgehoben zu werden. Vielleicht kennst du das auch von dir selbst: Du erkennst ein Problem im Detail und siehst vollkommen klar, wo die Ursache liegt, womit es zusammenhängt und wie man es lösen könnte. Doch weil die anderen dich nicht verstehen und im wahrsten Sinne des Wortes nicht »durchblicken«, hast du das Gefühl, dass sie sich absichtlich dumm stellen. Und das ist dann der Punkt, an dem du wahrscheinlich die Geduld verlierst. Sollte dir das bekannt vorkommen, kannst du das jetzt besser einordnen: Ein »Adler-Mensch« sieht eben besonders klar und kann zuweilen pedantisch wirken. Aber sobald du erkennst, woher die Gefühle der Frustration und Ungeduld kommen, fällt es dir auch leicht, sie wieder loszulassen.

Wenn du »Adlerprobleme« hast, kannst du sie am einfachsten dadurch auflösen, dass du dich mehr und mehr mit deinem Krafttier verbindest. Es ist ja nie wirklich das Krafttier, das diese Schwierigkeiten auslöst, sondern das Unterdrücken oder Verdrängen des Krafttiers durch andere Einflüsse.

Als »Adler« bist du jedenfalls ein Erfolgsmensch. Du kannst ohne Angst neuen Aufgaben selbstbewusst entgegengehen. Wichtig ist dabei jedoch, dass du dir nicht irgendein, schon gar nicht ein ausschließlich materielles Ziel suchst. Deine Adlerenergie sorgt nämlich dafür, dass du auch einfache und banale Ziele erreichen wirst. Doch das wird dich nie befriedigen, weil du schon bald merken wirst, dass das Erreichen oberflächlicher Ziele nicht deiner eigentlichen Lebensaufgabe gerecht wird – und so wirst du enttäuscht sein.

Dir steht als Adler-Mensch eine starke, lichtvolle Energie zur Verfügung, die andere inspiriert und ihnen Hoffnung gibt. Dein Ziel sollte diese großartigen Fähigkeiten berücksichtigen, damit du wirkliche Zufriedenheit findest. Untersuche einmal deine augenblicklichen Zielvorstellungen, und sieh nach, ob sie tatsächlich die Werte verwirklichen, die dir wichtig sind. Und prüfe, ob der Weg zu deinem Ziel keine lästige Notwendigkeit, sondern ein Teil des Zieles ist. Erst dann wirst du deine Möglichkeiten ganz zum Tragen bringen können und echte Zufriedenheit erreichen. Lass dich auf die visionäre Kraft des Adlers ein – dann wird es dir leichtfallen, ein wahrhaft lohnendes Ziel, ein echtes Herzensziel für dich zu finden.

Die wichtigsten Lebensaufgaben des Adlers

- Achte auf dein geistiges Wachstum.
- Versuche, Klarheit zu gewinnen.
- Geh dem Erfolg furchtlos entgegen.
- Überwinde Intoleranz.
- Hüte dich vor Abgehobenheit und Weltfremdheit.

Wie die Verbindung zum Adler dir helfen kann

Auch wenn der Adler nicht dein persönliches Krafttier ist, kannst du Kontakt mit diesem mächtigen Krafttier aufnehmen und es zu einem Helfer-Krafttier werden lassen. (Wie du Kontakt zu einem Krafttier aufnimmst, erfährst du ab Seite 231.)

Der Adler hat viele wertvolle Eigenschaften, mit denen er dir in mancherlei Situationen beistehen kann. Seine scharfe Wahrnehmung und der außerordentliche Blick für Details sind von unschätzbarem Wert bei allen Aufgaben, die das exakte Erfassen eines Problems erfordern. Auch wenn du in deinem Beruf hervorragend arbeitest – manchmal gibt es eben Situationen, in denen ein starker visionärer Helfer wie der Adler exzellente Leistungen ermöglicht. Gerade auch für Wissenschaftler kann der Adler eine Quelle der Inspiration sein, die neue Wege weist.

Aber natürlich kann der Adler dir nicht nur bei der Arbeit helfen. Das Berufliche ist lediglich ein Teil des Lebens.

Krafttiere wirken auf das Geistige, das allen Lebensbereichen zugrunde liegt.

Als Helfertier ist der Adler außerordentlich mächtig, denn er überwindet dunkle Kräfte und setzt ihnen seine lichtvolle Energie entgegen. Und das ist eigentlich in jeder schwierigen Lebenslage eine hilfreiche Stärke, die wirklich lebensverändernd oder sogar lebensrettend sein kann.

Es gibt ja leider im Leben eines jeden Menschen dunkle Zeiten, die unüberwindlich scheinen und uns bis ins Mark erschüttern. Die Hoffnung, die das Krafttier Adler vermittelt, schenkt uns dann die Kraft, trotz allem weiterzumachen und zu neuen Ufern aufzubrechen. Der Adler hilft uns gerade in Krisenzeiten, neue Visionen zu entwickeln und das große Ganze nicht aus den Augen zu verlieren. Die Qualität der Hoffnung, die der Adler in sich trägt, ermöglicht es dir, den Mut nie zu verlieren. Als »Adler« ist es an sich nicht schwer für dich, dich ein wenig aus der beengten Sicht deines Ego zu befreien und mithilfe von Weitblick zu erkennen, dass es nicht nötig ist, am Leiden festzuhalten.

Helferfunktionen des Adlers

- Hilft dir bei Aufgaben, bei denen es auf Genauigkeit ankommt.
- Gibt dir Hoffnung, wenn alles hoffnungslos scheint.
- Unterstützt dich dabei, über den Dingen zu stehen und Unangenehmes nicht zu wichtig zu nehmen.

Affirmationen für den Adler

Wenn du die Adlerenergie in dir wecken und Verbindung zum Adler aufnehmen willst, sind Affirmationen eine gute Hilfe. Sie dringen in dein Unterbewusstsein vor und umgehen die Blockaden des rationalen Verstandes. Das heißt auch, dass die Worte einer Affirmation viel weniger wichtig sind als die Gefühle, die du mit der Affirmation assoziierst. Die Worte sind dann richtig, wenn sie bei dir starke Gefühle auslösen. Scheue dich also nicht, die Formulierungen zu verändern.

Am einfachsten kannst du Affirmationen im Rahmen eines kleinen Rituals an dein Unterbewusstsein senden:

- Setz dich hin, und schließe die Augen.
- Stell dir einen mächtigen Adler vor, der über dich wacht.
- Wiederhole die Affirmation, bis du das Gefühl hast, dass der Adler zufrieden ist.

Affirmationen:

- Ich bringe Licht und Hoffnung in die Welt.
- Ich stehe über den Dingen und bin doch mit ihnen verbunden.
- Ich sehe genau hin und erkenne die Einzelheiten.

Der Adler auf dem Hühnerhof

Wie das Adler-Ei in den Hühnerstall gelangt war, wusste niemand. Doch es lag nun einmal im Nest. Die Henne wunderte sich zwar, warum eines der Eier so groß war, doch sie war eben nicht sonderlich schlau, und so gluckte sie nur ein paarmal und setzte sich dann zum Brüten darauf.

Als die Küken schlüpften, war eines besonders groß und sah anders aus als die anderen. Doch die gute Henne betrachtete es voller Stolz wie alle ihre Küken. Nun, was machte es schon aus, dass eines ein wenig anders aussah?

So wuchs das Adlerjunge mit den Hühnern auf und dachte natürlich, es selbst sei ein Huhn. Es war allerdings ein sehr großes, aber auch sehr schwaches Hühnchen, denn die Körner bekamen ihm nicht so gut, und das Aufpicken fiel ihm sehr schwer. Einmal pickte es aus Versehen einen Käfer auf – doch der mundete ihm weitaus besser als die Körner. Und so fraß das Adlerjunge fortan Käfer, wann immer es welche finden konnte. Zwar schämte es sich ein wenig, denn die Hühner fanden es ungehörig, doch dafür gedieh das Adlerjunge besser; es wuchs und wuchs und war bald größer als der stolze Hahn, der den Hof regierte.

Eines Tages, als die Hühner auf dem Hof ihre Körner und der kleine Adler seine Käfer pickten, sah das Adlerjunge einen gewaltigen Vogel, der in großer Höhe schwebte und auf die Hühner herabsah. Doch nur der kleine Adler konnte ihn sehen, denn er hatte viel bessere Augen als seine Gefährtinnen. Aufgeregt berichtete er den Hühnern, was er sah – doch die blickten mit ihren trüben Augen nach oben und sahen den großen Adler nicht. Und so sprachen sie: »Du täuschst dich, Käferfresser!« Aber das Adlerjunge, das ein Huhn zu sein glaubte, beharrte darauf. »Seht ihr es denn nicht? Nun kommt der große Vogel zu uns herab. Ich fürchte, er wird uns fressen!« Obwohl ihm die anderen nicht glaubten, starrten sie doch ängstlich in den Himmel hinauf – bis auch sie schließlich den Raubvogel sahen. »Schnell, schnell, lauft um euer Leben!«, rief die Henne. »Der Adler wird uns fressen!« Und alle rannten, so schnell sie konnten, in den Stall oder versteckten sich unter Büschen. Auch der kleine Adler versteckte sich, denn er glaubte ja, ein Huhn zu sein.

Enttäuscht zog der große Adler ab.

Der kleine Adler wuchs langsam, denn die wenigen Käfer nährten ihn nicht gut. So wurde er zwar größer, aber gleichzeitig auch immer schwächer. Seine Flügel waren wohl kräftig genug, ihn zu tragen, doch er flog nicht, denn Hühner fliegen nun einmal nicht gern.

Und so dauerte es nicht allzu lang, bis der kleine Adler krank wurde und schließlich starb, immer noch in dem Glauben, er sei ein Huhn.

Denn so groß auch deine inneren Kräfte sein mögen: Solange du glaubst, ein Hühnchen zu sein, wirst du es nie wagen, dich wie ein Adler in die Lüfte zu erheben.

Der Fuchs

Wenn wir vom Fuchs reden, so meinen wir eigentlich immer den Rotfuchs, welcher der einzige mitteleuropäische Vertreter dieser Spezies ist. Füchse sind eng mit den Hunden verwandt – von Biologen wird der Fuchs als »Wildhund« bezeichnet. In Europa ist der Fuchs sogar der am häufigsten vorkommende Wildhund.

Und doch unterscheidet er sich sehr vom Hund. Vor allem seine Bindung zum Menschen ist von ganz anderer Art. Zwar begleitet uns auch der Fuchs schon seit Urzeiten – doch immer mit ein wenig Abstand und meist unerkannt. Heute ist der Fuchs näher beim Menschen, denn auch wenn es fast niemand merkt: Füchse leben seit etwa fünfzig Jahren mitten in unseren Städten. Typischerweise gibt es etwa fünf Stadtfüchse pro Hektar. In der englischen Stadt Bristol waren es sogar 37! Offenbar ist der Fuchs inzwischen besonders eng mit dem Menschen verbunden.

Der Fuchs in der Mythologie

Erstaunlicherweise erscheint der Fuchs nicht so häufig in den Sagen und Märchen. Das liegt wohl an einer seiner herausragendsten Fähigkeiten: der Tarnung. »Meister Reineke« war immer da, aber unauffällig.

Im Christentum kam der Fuchs nicht gut davon. Es hieß, er stünde mit bösen Mächten oder gar dem Teufel selbst in Verbindung. Er war ein Symbol für die Sünde. Und das wohl vor allem wegen seines roten Pelzes.

Den Germanen hingegen war der Fuchs gerade deshalb heilig: Wie auch alle anderen Tiere mit rotem Fell stand er dem Donnergott Thor nahe. Doch noch näher ist er vielleicht dem schelmischen und listigen nordischen Loki.

Bei den Kelten war der Fuchs wegen seiner Klugheit ein gern gesehenes Krafttier. Die Druiden meinten, Füchse seien Vermittler zwischen der Anderswelt und dem Diesseits.

Eine schöne Legende stammt aus Finnland, wo mancherorts das Nordlicht »Feuer des Fuchses« heißt. Einst hatte nämlich *repo,* der Fuchs, *tuli,* das himmlische Feuer, gestohlen und muss seither mit brennendem Schwanz über das Firmament laufen.

Woran erkennst du, dass du ein »Fuchs« bist?

Ist der Fuchs dein Geburts-Krafttier, dann hast du einen Charakter als Begleiter, der ein wahrer Lebenskünstler ist. Als »Fuchs« kommst du leichter als andere durchs Leben, findest schneller aus Schwierigkeiten heraus und hast die besten Chancen, deine Herzensziele zu erreichen.

Ein Merkmal des Fuchses ist seine Schlauheit. Dabei scheut er auch nicht vor Manipulation und Tricksereien zurück. Das klingt vielleicht erst einmal etwas negativ – doch gepaart mit dem hervorragenden Einfühlungsvermögen des Fuchses wendet sich in der Regel alles zum Guten.

Fällt es dir eher schwer, dich in andere einzufühlen? Greifst du nicht so gern auf List und Tricks zurück, um deine Ziele zu erreichen? Dann wird dein Geburtstier, wenn es der Fuchs ist, stark von deinen Lebenserfahrungen in seiner Entfaltung unterdrückt – wahrscheinlicher ist dann aber, dass der Fuchs eben nicht dein Geburts-Krafttier ist.

Der Fuchs ist listig. Das heißt nicht unbedingt, dass er andere skrupellos betrügt oder übers Ohr haut. Sein Ruf, hinterhältig und ein Dieb zu sein, trifft nicht zu. Er vermeidet nur die direkte Konfrontation und setzt seinen Verstand und seine Empathie ein, um möglichst effektiv an sein Ziel zu gelangen.

Eine andere wichtige Eigenschaft des Fuchses ist seine Lernfähigkeit. Selbstverständlich macht auch der Fuchs Fehler – doch er wiederholt sie nicht so leicht. Er tarnt sich gern und versucht, Probleme von Anfang an zu vermeiden. Er ist eben ein Lebenskünstler.

Zu wahrer Lebenskunst gehört aber auch, dass man sich selbst kennt. Und das ist beim Fuchs der Fall; er ist sehr gut in der Kunst der Selbsterkenntnis und gibt sich so gut wie nie Selbsttäuschungen hin.

Ein Kennzeichen des Fuchses ist der Monat, in dem seine Energie am stärksten ist: der März. Wie ist das bei dir? Fühlst du, wie deine Lebensenergie geradezu übersprudelt, wenn sich die ersten Zeichen des Frühlings ankündigen? Dann ist es sehr gut möglich, dass der Fuchs dich seit deiner Geburt begleitet und bereit ist, dich auf all deinen Lebenswegen zu unterstützen.

Haupteigenschaften des Fuchses

- Listigkeit
- Schlauheit
- Lernfähigkeit (Lernen aus Fehlern)
- Fehlervermeidung
- Selbsterkenntnis
- Lebenskünstlertum
- Erkennen neuer Perspektiven
- Einfühlungsvermögen
- Tarnung

Wenn du ein »Fuchs« bist ...

... hast du anderen gegenüber einen großen Vorteil: Du vermeidest nicht nur Fehler, sondern lernst auch schnell aus denen, die dir vielleicht doch einmal unterlaufen. Das klingt eigentlich selbstverständlich – macht das nicht jeder? Wenn du das denkst, ist das typisch für den Fuchs, denn für ihn ist es tatsächlich selbstverständlich. Aber tatsächlich ist das nicht bei jedem so, wie du leicht sehen kannst, wenn du dich mal ein wenig umsiehst. Viele Menschen lernen nämlich nicht oder nur sehr langsam aus ihren Fehlern. Und vielleicht kennst du das auch selbst: Wenn du immer wieder mit Kopfschmerzen aufwachst, weil du am Vorabend trotz aller guten Vorsätze viel zu viel getrunken hast, wenn dir gegenüber deiner Freundin regelmäßig rausrutscht, dass du ihren Partner nicht ausstehen kannst, obwohl du im Grunde weißt, dass sie ihn innig liebt und es wieder zu Streit zwischen euch führt, oder wenn du dein Kind tausendmal ermahnst, sich zu konzentrieren, und nicht verstehst, dass du es lieber motivieren solltest – zeigt all dies, dass du nicht wirklich aus deinen vergangenen Erfahrungen gelernt hast.

Für den Fuchs wären solche Probleme schnell gelöst; doch die meisten Menschen benötigen mehr Zeit, um alte Muster abzulegen und neue Wege auszuprobieren.

Und wie ist das bei dir? Versuchst du (relativ erfolgreich), Fehler zu vermeiden, und lernst du schnell aus ihnen? Das wäre charakteristisch für den Fuchs als Geburtstier. Wenn du hingegen eher »schusselig« bist und es dir häufig passiert, dass du die gleichen Dummheiten immer wieder machst, dann heißt das nicht gleich, dass du nicht trotzdem ein »Fuchs« sein könntest. Die bisherigen Erfahrungen und Einflüsse aus unserer Vergangenheit führen bei vielen von uns dazu, dass der Zugang zu unserem Krafttier blockiert ist. Dann ist es aber zumindest gut, sich seines Krafttiers bewusst zu sein. Solange du nämlich weißt, dass dein Geburtstier der Fuchs ist und die Anlage zu raschem Lernvermögen in deinem Unterbewusstsein schlummert, kannst du auch wieder Kontakt zu deiner ursprünglichen Kraft aufnehmen, und es wird dir viel leichter fallen, weise mit deinen Problemen umzugehen.

Als »Fuchs« bist du in tiefster Seele ein Lebenskünstler: Wenn du mit deinem Krafttier Kontakt aufnimmst, wird es dich dabei unterstützen, dein Leben noch angenehmer zu machen und dich nicht auf Um- und Irrwegen zu verrennen.

Du stehst wahrscheinlich nicht so gern im Mittelpunkt. Das ist oft ein Vorteil, aber zieh dich nicht zu sehr zurück. Dein Einfühlungsvermögen eröffnet dir oft Chancen, die du durch verstecktes Handeln nicht so einfach bekommst. Öffne dich für neue Perspektiven! Der Fuchs wird dich dabei unterstützen.

Deine Anlage zur tieferen Selbsterkenntnis hilft dir dabei, den für dich richtigen Weg zu finden. Sei dir nur bewusst, dass du möglicherweise die Tendenz hast, dich zu sehr zurückzuhalten.

Eine Gefahr, die dir als »Fuchs« droht, solltest du unbedingt vermeiden: nämlich die, dass die Geistesgifte Gier und Neid von dir Besitz ergreifen. Deine Schläue, deine Neigung zu Manipulation und der Tendenz, List einzusetzen, um zu deinen Zielen zu gelangen, wirkt sich bei zu starker Fixierung auf das Materielle schnell negativ aus.

Aber auch hier kann dich deine gute Selbsterkenntnis retten, wenn du deine Einsichten über dich selbst nicht mit aller Macht verdrängst. In Verbindung mit deinem überdurchschnittlichen Einfühlungsvermögen kannst du diesen Fallen gut ausweichen. Dann musst du gar nicht erst die Fehler machen, die daraus resultieren. Wenn es dir doch passiert, wirst du zwar schnell daraus lernen können; doch ohne Selbsterforschung kann es sein, dass du nur lernst, noch besser zu manipulieren. Das aber ist ein Weg, vor dem du dich hüten solltest.

Die wichtigsten Lebensaufgaben des Fuchses

- Nimm deine Fehler freudig an, und lerne aus ihnen.
- Nutze dein Einfühlungsvermögen verantwortungsvoll.
- Hüte dich vor den Geistesgiften Gier und Neid.
- Geh unbeirrt deinen Weg.
- Achte darauf, auch mit dem Herzen zu sehen.
- Nutze die Kunst der List – ohne anderen Menschen Schaden zuzufügen.

Wie die Verbindung zum Fuchs dir helfen kann

Der Fuchs wird gern als Helfer-Krafttier gesucht. Kein Wunder, denn er ist in vielerlei Hinsicht ein sehr mächtiger Helfer. (Wie du Kontakt zu einem Krafttier aufnimmst, erfährst du ab Seite 231.)

Einmal ist da seine Fähigkeit, listig zu sein. Wenn du bei deinen Vorhaben nicht weiterkommst, weil dir böswillige oder verständnislose Menschen den Weg blockieren, kann der Fuchs dich auf großartige Weise unterstützen. Es ist aber nicht nur seine Listigkeit, die dir helfen kann, sondern die Tatsache, dass diese moralisch nicht immer einwandfreie Vorgehensweise zugleich mit viel Einfühlungsvermögen gepaart ist – das sorgt dafür, dass es nie bloß berechnende Manipulation ist, mit der du deine Ziele erreichst.

Beruflich ist der Fuchs immer dann ein hervorragender Helfer, wenn es um schwierige Verhandlungen geht. Dem Fuchs kann man nichts vormachen: Menschen, die dich hereinlegen und dir schaden wollen, durchschaut der Fuchs sofort.

Am wichtigsten ist jedoch wahrscheinlich immer, auf der Suche nach sich selbst gut begleitet zu werden. Auch wenn es natürlich dein Geburts-Krafttier ist, das dich dabei in erster Linie unterstützen wird, kann der Fuchs deine Selbsterkenntnis zusätzlich auf eine höhere Ebene heben; Selbsttäuschung ist ihm fremd, denn auch diese Art Täuschung durchschaut er sofort.

Wenn du Kontakt mit dem Fuchs als Helfer-Krafttier aufnimmst, lernst du aus deinen Fehlern, vermeidest Selbstbetrug, und das wird dir enorm dabei helfen, neue Wege zu beschreiten.

Helferfunktionen des Fuchses

- Unterstützt dich dabei, neue Ideen zu entwickeln und neue Perspektiven zu entdecken.
- Hilft dir bei der Selbsterkenntnis und dabei, Menschen zu durchschauen, die dir schaden.
- Zeigt dir einen klugen Umgang mit Fehlern.

Affirmationen für den Fuchs

Um die Energie des Fuchses in dir zu wecken und Verbindung zu diesem mächtigen Krafttier aufzunehmen, kannst du unter anderem Affirmationen nutzen. Die kurzen Affirmationssätze »programmieren« dein Unterbewusstsein um. Dabei sind aber nicht so sehr die Worte von wirklicher Bedeutung, sondern die Gefühle, die du mit diesen Worten assoziierst.

Probiere die Affirmationen im Rahmen eines kleinen Rituals aus:

- Setz dich hin, und schließe die Augen.
- Stell dir einen Fuchs vor, der mit wachen, aufmerksamen, lächelnden Augen in deiner Nähe sitzt und dich begleitet.
- Wiederhole die Affirmation, bis du das Gefühl hast, dass der Fuchs zufrieden ist.

Affirmationen:

- Ich nehme das Leben, wie es kommt, im Vertrauen auf meinen Verstand und mein Einfühlungsvermögen.
- Fehler sind Lehrer – sie helfen mir, mich zu verbessern.
- Aus mehr Perspektiven erkenne ich mehr.

Der Fuchs, der Rabe und die Trauben

Ein alter Rabe hatte Aufsicht über die Weinreben, die sich an einer hohen Mauer emporrankten, und er nahm seine Aufgabe sehr ernst. Er selbst mochte keine Trauben, doch viele andere Tiere hätten nur zu gern von ihnen genascht.

Eines Tages beobachtete er einen Fuchs, der sich auf den Weinberg schlich. Der Rabe flog stracks herbei, um einen Diebstahl zu verhindern. Doch da sah er, wie der Fuchs immer wieder hochsprang, um an die Reben zu gelangen – aber seine Sprünge waren bei Weitem nicht hoch genug. Da setzte sich der Rabe auf die Mauer, sah dem Fuchs eine Weile zu und lachte dann laut. »Du dummer Fuchs, siehst du nicht, dass du nicht hoch genug springen kannst? Du darfst die Trauben nicht kosten – und du kannst es ja auch gar nicht!«

Da hörte der Fuchs mit seinen nutzlosen Sprüngen auf, sah den Raben schräg an und sagte: »Ach du alter Rabe, ich bin nur ein wenig aus Jux und Tollerei gesprungen. Ich will doch deine sauren Trauben nicht!«

Da lachte der Rabe und sah, wie der Fuchs beschämt davontrottete. Und so erzählte er es auch seinen Kindern, Enkeln und Urenkeln. Bis zum heutigen Tag gibt es daher die Redensart von den »sauren Trauben«, wenn jemand etwas, was er nicht erreichen kann, schlechtmacht.

Doch die Geschichte endete nicht dort, wo der Rabe sie enden ließ. Denn der Fuchs hatte natürlich sofort gesehen, dass er die Trauben nicht springend erreichen konnte – wohl aber hätte er die gewundenen Rebstöcke erklettern können, wenn da nicht der Rabe gewesen wäre, der aufpasste. Also spielte er den gierigen Dummbart und dann den enttäuschten Beleidigten.

Als der Rabe ihn auslachte und davonflog, kam der listige Fuchs leise zurückgeschlichen, kletterte die Mauer empor zu den Reben und tat sich an den süßen, saftigen Trauben gütlich.

Denn so klug einer auch ist, so kann er doch dem Listigen zum Opfer fallen.

Das Pferd

Es gibt wohl kein Mädchen und keine Frau, die sich nicht zu Pferden hingezogen fühlt. Kein Wunder, denn Pferde sind wirklich faszinierende Wesen. Und sie haben eine Verbindung zum Menschen, die, nicht nur im wörtlichen Sinn, auf Augenhöhe stattfindet. Ein Pferd ist nie unterwürfig, sondern bewahrt immer seinen Stolz.

Die meisten heutigen Pferde sind Nachkommen von Hauspferden, also solchen, die in engem Kontakt mit den Menschen standen. Wie lange Mensch und Pferd schon eine Beziehung haben, sieht man gut an den Höhlenmalereien unserer Vorfahren. Schon in der ältesten Höhlenkunst nahmen diese Tiere eine besondere Stellung ein. Aber nicht nur Bilder von Pferden wurden damals geschaffen, sondern auch Gravuren, Reliefs und kleine Plastiken. Eines der ältesten Kunstobjekte der Welt ist eine nur etwa fünf Zentimeter große Pferdefigur.

Das Pferd in der Mythologie

Nach dem oben Gesagten verwundert es sicher nicht, dass das Pferd auch in der Mythologie vieler Völker eine wichtige Stellung einnimmt.

Bei den Germanen ist vor allem der Hengst Sleipnir hervorzuheben, Odins Kriegspferd. Doch dieser »Beruf« schien Sleipnir nicht auszufüllen, denn er war nicht nur Kriegspferd des Göttervaters, sondern auch noch Schutzgott der Dichter.

Ansonsten wären noch die Pferde Arvak und Alsvid zu nennen, die den Sonnenwagen jeden Tag über den Himmel ziehen.

In der keltischen Mythologie spielen Pferde natürlich ebenfalls eine große Rolle. Das ging so weit, dass zur Inauguration eines Königs Geschlechtsverkehr des zukünftigen Herrschers mit einer weißen Stute gehörte.

Epona wurde bei den irischen Kelten als Göttin der Fruchtbarkeit und Pferde verehrt – so wie Rhiannon bei den Kelten in Wales.

Sogar bei der Gründungssage Irlands, *Noínden Ulad*, ist ein Pferd beteiligt. Liath Mache, Cú Chulainns Lieblingspferd, versucht, ihn vor dem drohenden Tod zu bewahren – und als das nicht gelingt, hilft es dabei, Cú Chulainns Tod zu rächen.

Woran erkennst du, dass du ein »Pferd« bist?

Ist das Pferd dein Geburts-Krafttier, so hast du einen wirklich wertvollen Helfer an deiner Seite. Du bist im Hier und Jetzt verwurzelt, bist hilfsbereit, und wahrscheinlich geht es dir materiell verhältnismäßig gut.

Eine deiner hervorstechenden Eigenschaften ist dein Selbstbewusstsein. Befindest du dich auf der spirituellen Suche, weil du eher unsicher in Bezug auf dich selbst bist, ist das nichts Negatives – aber es spricht eher dagegen, dass das Pferd dein Seelenbegleiter ist.

Selbstbewusstsein an sich ist noch nichts Wertvolles. Ganz besonders dumme Menschen sind ja oft sehr selbstbewusst, weil es ihnen an Selbsterkenntnis mangelt und sie glauben, alles zu verstehen. Doch als »Pferd« ist das bei dir nicht der Fall: Du bist selbstbewusst, weil du weißt, wer du bist. Du bist selbstbewusst, aber nicht überheblich. Du bist stolz auf das, was du bist, aber ohne Hochmut. Aus deinem Selbstbewusstsein und aus dem Wissen, dass es dir im Großen und Ganzen gut geht, rührt deine Hilfsbereitschaft. Und da du im Hier und Jetzt verankert bist, verlierst du dich nicht in Ideologien, sondern handelst aus dir selbst heraus.

Das Pferd steht auch für Reichtum. Es ist daher wahrscheinlich, dass es dir nicht an Materiellem mangelt. Doch letztlich geht es natürlich nicht wirklich um Finanzielles: Geistiges und spirituelles Vermögen machen dich reicher, als nur das Materielle es vermag. Denn wer hat es wohl besser: der unzufriedene Reiche, der an geistigem Mangel leidet, oder der zufriedene Arme, dessen geistiges und spirituelles Leben erfüllt ist?

Der Kraftmonat des Pferdes ist der Juni. Du spürst, wie deine Energie steigt, wenn der Sommer erwacht. In dieser Zeit fühlst du dich besonders vital und selbstbewusst. Der Juni ist deshalb auch die beste Zeit für dich, wenn eine Neuorientierung in deinem Leben ansteht.

Haupteigenschaften des Pferdes

- Selbstbewusstsein
- Stolz ohne Hochmut
- Verwurzeltsein im Jetzt
- Vitalität
- Hilfsbereitschaft
- Reichtum
- Bereitschaft zum Neubeginn

Wenn du ein »Pferd« bist ...

... schlummern einige wertvolle Eigenschaften in deinem Unterbewusstsein. Die Frage ist, ob und wie sie sich manifestieren. Erst einmal ist es gut zu wissen, dass du – wenn dein Geburts-Krafttier wirklich das Pferd ist – die Eigenschaften und Fähigkeiten dieses Krafttiers in dir trägst. Du weißt dann also, wonach du suchen musst und welche Kräfte du in deinem Leben verwirklichen solltest, um dein ganzes Potenzial auszuschöpfen und in Harmonie mit dir selbst zu leben.

Als »Pferd« ist Selbstbewusstsein eine deiner Stärken. Wenn du dich nicht sehr selbstbewusst fühlst, hat das natürlich Gründe. Leider ist es ja nicht selten, dass Menschen von der Erziehung und ihren Erfahrungen nicht ge-, sondern *ver*formt werden. Ein Kind, das ständig hören muss, dass es nichts taugt und unbedeutend ist, wird selbst dann, wenn das Pferd sein Begleiter ist, im Laufe der Zeit lernen, sein Selbstbewusstsein zu unterdrücken. Wenn das bei dir der Fall sein sollte, ist es eine deiner vorrangigsten Lebensaufgaben, dein Selbstbewusstsein neu zu entdecken, am besten, indem du Verbindung mit deinem Krafttier, dem Pferd, aufnimmst und dich von ihm unterstützen lässt.

Die Neuentdeckung deines natürlichen Selbstbewusstseins kann ein echter Neubeginn in deinem Leben sein. Um dein Selbstbewusstsein zu entwickeln, können dir auch die anderen Eigenschaften deines Krafttiers behilflich sein – selbst wenn negative Lernerfahrungen dazu geführt haben sollten, dass du dich unsicher und gar nicht selbstbewusst fühlst. Du kannst dein Selbstbewusstsein dann sozusagen durch die Hintertür erhöhen.

Eine Eigenschaft des Pferdes, die dabei enorm hilfreich sein wird, ist deine Hilfsbereitschaft. Wenn du ein »Pferd« bist, wird es für dich aller Wahrscheinlichkeit nach etwas ganz Normales und Natürliches sein, anderen Menschen helfen zu wollen. Das ist selbstverständlich schon für sich allein genommen eine gute Sache; doch es hilft dir eben auch dabei, dein eventuell unterdrücktes Selbstbewusstsein aus seinem Dornröschenschlaf zu erwecken. Deine Bereitschaft, anderen zu helfen, hilft dir selbst – du hast Grund, stolz auf dich zu sein, und es ist ja wohl kaum möglich, gleichzeitig stolz auf sich selbst zu sein und ein geringes Selbstbewusstsein zu haben.

Eine weitere Stärke des Pferdes ist seine Bereitschaft, sich ganz auf den gegenwärtigen Augenblick einzulassen, wahrzunehmen, was wirklich da ist, und sich nicht in Spekulationen, Erwartungen, Sorgen und vergangenheitsbezogenen Problemen zu verlieren. Diese Stärke deines Krafttiers solltest du unbedingt nutzen. Kaum etwas fördert dein Lebensglück so sehr wie das – insbesondere in Verbindung mit der Vitalität, die das Pferd charakterisiert. Und hinzu kommt, dass dir Eigenschaften wie Präsenz und überdurchschnittliche Vitalität es leichter machen, einen Neubeginn in deinem Leben zu wagen, sobald die Zeit dafür reif ist.

Wenn du die Kräfte, die dein Geburts-Krafttier repräsentiert, in dir zum Erblühen bringst, wird dir das Reichtum bescheren – vielleicht materiellen, sicherlich aber spirituellen und geistigen Reichtum.

Die wichtigsten Lebensaufgaben des Pferdes

- Lebe bewusst im Hier und Jetzt.
- Verwirkliche deine Möglichkeit, zu Wohlstand und Reichtum – auch und vor allem auf geistiger Ebene – zu gelangen.
- Wage den Neubeginn, wenn du spürst, dass es Zeit dafür ist.

- Lerne, selbstbewusst und stolz auf dich zu sein.
- Vertraue darauf, dass du ein Glücksbringer bist.

Wie die Verbindung zum Pferd dir helfen kann

Das Pferd als spirituelles Geburts-Krafttier ist ein mächtiger Tierbegleiter. Aber natürlich kannst du, auch wenn dich ein anderes Krafttier von Geburt an begleitet, mit dem spirituellen Begleiter Pferd jederzeit Verbindung aufnehmen, um dir in bestimmten Lebenssituationen Hilfe zu holen. (Wie du Kontakt zu einem Krafttier aufnimmst, erfährst du ab Seite 231.)

Zunächst ist das Pferd immer dann ein wertvoller Helfer, wenn du materiell nicht so gut aufgestellt bist und den Wohlstand anstrebst, der dir deine freie Entfaltung ermöglicht. Bei riskanten finanziellen Vorhaben ist das Krafttier Pferd ein starker Helfer. Verlier jedoch dabei nicht aus den Augen, dass der materielle Wohlstand allein nicht viel wert ist – ja, manchmal kann er sogar schädlich sein. Wenn du jedoch mit dem Helfertier Pferd Verbindung aufnimmst und auf seine Weisungen hörst, wird dir das nicht passieren. Denn das Pferd steht für echten Wohlstand, der niemals nur materiell ist, sondern immer auch eine spirituelle und geistige Komponente mit einschließt. Vielleicht wird dir sogar klar, dass deine Suche nach materiellen Gütern fehlgeleitet ist und dein wahrer Wohlstand, dein Lebensglück und deine Lebenszufriedenheit viel eher in spirituellem und geistigem

Reichtum oder der Entfaltung deiner Kreativität liegt. Es hilft nichts zu theoretisieren – wenn du das Krafttier Pferd als Helfer hast, höre auf die innere Stimme, mit der es zu dir spricht.

Die Reise zu innerem oder äußerem Wohlstand verlangt nicht selten eine mehr oder weniger starke Veränderung in deinem Leben. Da wir Menschen ja Gewohnheitstiere sind, ist das nicht so leicht – Veränderungen sind oft mit Befürchtungen und Ängsten verbunden; insbesondere dann, wenn es dir ein wenig an Selbstbewusstsein mangelt.

Hier ist das Krafttier Pferd wohl einer der wertvollsten Helfer: Es steht dir bei, den Mut und die Kraft aufzubringen, einen Neubeginn zu wagen oder etwas ganz Neues auszuprobieren. Es hilft dir, deine Leistungen mit Stolz zu sehen und echtes Selbstbewusstsein zu entwickeln – und es hilft dir dabei, den rechten Zeitpunkt für neue Projekte zu erkennen.

Das Pferd ist ein Glücksbringer. Mit seiner Hilfe kannst du in eine glückliche Zukunft reiten.

Helferfunktionen des Pferdes

- Unterstützt dich dabei, zu Wohlstand zu gelangen.
- Hilft dir bei neuen Vorhaben, und sagt dir, wann die Zeit dafür reif ist.
- Schenkt dir Selbstbewusstsein und Stolz.

Affirmationen für das Pferd

Eine der einfachsten Möglichkeiten, die Energie des Krafttiers Pferd in dir zu wecken und Verbindung zu ihm aufzunehmen, sind Affirmationen – Sätze, die ihre Wirkung in deinem Unterbewusstsein entfalten. Mach dir klar, dass es nicht um die Worte der Affirmation geht, sondern um deine Gefühle. Scheue dich also nicht, die folgenden Affirmationen so umzuformulieren, dass sie wirklich zu dir passen.

Probiere es aus, wie es wirkt, wenn du deinem Unterbewusstsein deine Affirmation als kleines Ritual anbietest:

- Setz dich hin, und schließe die Augen.
- Stell dir einen stolzes, kraftvolles Pferd vor, das neben dir steht oder auf dem du sitzt.
- Wiederhole die Affirmation, bis du das Gefühl hast, dass dein Pferd zufrieden ist.

Affirmationen:

- Ich bin ganz da und vital im Hier und Jetzt.
- Der innere und äußere Wohlstand kommt ganz von selbst zu mir.
- Ich ergreife meine Chancen und freue mich auf den Neubeginn.

Der Glasberg

Es war einmal ein alter Bauer, der hatte drei Söhne - zwei von seiner ersten Frau und einen dritten von einer Magd, nachdem seine Frau am Fieber gestorben war. Der Vater schämte sich, dass sein Sohn unehelich von seiner Magd geboren war. So musste der junge Ulrik die niedrigsten und schwersten Arbeiten verrichten und im Stall schlafen.

Nun hatte der Bauer eine Bergwiese, auf der das beste Gras und die heilsamsten Kräuter wuchsen. Doch zu jeder Mittsommernacht, gerade wenn das Gras und die Kräuter am saftigsten waren, wurde die Wiese über Nacht ganz abgefressen. Das verdross ihn sehr, und so rief er seine Söhne Mikkel, Ivar und Ulrik zu sich und sprach: »Es geht so nicht weiter mit unserer Bergwiese. Einer von euch wird in der Mittsommernacht im Heuschober Wache halten und achtgeben, was geschieht.«

Also machte sich Mikkel, der älteste Sohn, auf den Weg und sprach: »Weder Mensch noch Vieh noch der Teufel selbst soll das Gras und die Kräuter von unserer Wiese stehlen, wenn ich Wache halte!«

Als es aber gen Mitternacht ging, bebte der Boden, und es gab einen Lärm wie schweres Gewitter und tausend Teufel. Da bekam Mikkel es mit der Angst zu tun und rannte nach Hause, so schnell ihn seine Füße trugen, ohne sich auch nur einmal umzusehen. Als der Bauer am folgenden Tag die Wiese besuchte, sah er, dass sie nach dieser Nacht wieder ebenso kahl war wie in den letzten Jahren nach der Mittsommernacht.

Es ging ein Jahr ins Land, und wieder stand die Mittsommernacht bevor. Erneut rief der Bauer seine drei Söhne zu sich: »Wer von euch wird diesmal Wache halten? Mikkel, wirst du wieder furchtsam sein?«

Ivar, der zweite Sohn, sprach lachend: »Ich habe keine Angst. Ich werde gehen, und weder Mensch noch Vieh noch der Teufel selbst soll das Gras und die Kräuter von unserer Wiese stehlen, wenn ich Wache halte!«

Doch es ging ihm nicht anders als seinem älteren Bruder. Der Bauer war sehr ärgerlich, aber was geschehen war, war nun einmal geschehen, und das Leben ging weiter. Das Jahr darauf sprach er jedoch wieder zu seinen Söhnen. »Mikkel und Ivar, ihr wart zu feige. Und du, Ulrik?« Er sah den ungeliebten Sohn fest an. »Wirst du es denn besser machen als deine Brüder?«

Ulrik zuckte mit den Schultern. »Ich will es wohl versuchen.«

Da lachten seine Brüder hämisch. »Gerade du bist der Rechte, um die Wiese zu hüten!«, sagten sie. »Du, der Dummkopf und Kuhmistträger.«

Ulrik zuckte nur mit den Schultern und machte sich auf den Weg. Als er eine Weile im Schuppen gelegen hatte, fing es an zu donnern und zu krachen, doch Ulrik sagte nur: »Ach, wenn's nicht schlimmer wird, so kann ich's wohl aushalten.«

Nach einer Weile wurde es aber nicht mehr schlimmer, sondern mucksmäuschenstill. Da trat Ulrik an die Tür des Schobers und tat einen Blick hinaus. Da stand ein herrliches Pferd, groß und stattlich, eines Königs würdig. Doch um seinen Hals war ein Strick, eng gezogen, sodass es dem Pferd gewiss Schmerzen bereitete. Als Ulrik das sah, hatte er sogleich Mitleid mit dem Tier und trat aus der Tür. Das Pferd sah ihn mit klugen Augen an und ließ zu, dass Ulrik sich ihm näherte, den Strick löste und dabei sprach: »Du wunderbares Ross, ich befreie dich gern von diesem Strick, doch ich bitte dich, friss nicht unsere ganze Wiese leer.«

Ulrik erwartete nicht, dass das Tier ihn verstand, doch dessen Blick schien verständig. Und zu Ulriks größter Überraschung hob das Pferd an zu sprechen. »Ich danke dir, Ulrik. Zum Dank werde ich nicht nur deine Wiese unberührt lassen, sondern dir beistehen, wenn du mich rufst. Rufe dreimal: ›Gullin Hestur‹, und ich werde sogleich bei dir sein.«

Munteren Schrittes machte sich Ulrik auf den Weg nach Hause. Seine Brüder empfingen ihn mit höhnischem Lachen. Als sie mit ihrem Vater zu der Wiese gingen, sahen sie jedoch, dass das Gras ebenso hoch und so dicht wie den Tag zuvor stand, und sie wunderten sich sehr.

Um diese Zeit geschah es, dass dem König ein großes Unglück widerfuhr. Die Prinzessin hatte nämlich einen bösen Zauberer, der um ihre Hand angehalten hatte, schroff abgewiesen. Da glühten des Zauberers Augen rot vor Zorn. Er sprach einen Zauberspruch, und sogleich erhob sich ein gläserner Berg, und oben auf dem Berg saß die Prinzessin. So ließ der König nun im ganzen Land verbreiten, dass der, der seine Tochter von dem gläsernen Berg retten könne, nicht nur die Hand der Prinzessin, sondern auch das halbe Reich erhalten solle.

Prinzen und Grafen, Ritter und Recken kamen zuhauf. Es wimmelte um den gläsernen Berg herum nur so von Helden, und ihre Rüstungen glänzten wie Tausende von Edelsteinen in der Sonne. Und das ganze Volk hatte sich versammelt, denn jeder wollte sehen, wer wohl die Prinzessin gewönne.

Auch Mikkel und Ivar begaben sich auf den Weg zu dem Spektakel. Doch als Ulrik Anstalten machte mitzukommen, sprachen sie: »Nein, du bleibst schön hier. Du mit deinen schmutzigen Kleidern und löchrigen Schuhen wirst uns keine Schande machen!«

Ulrik zuckte nur mit den Schultern und ließ sie ziehen. Als er so allein zu Hause saß, ward er aber dennoch traurig, dass er die schöne Prinzessin und ihren Ritter nicht zu sehen bekäme. Da fiel ihm ein, dass das geheimnisvolle Ross doch versprochen hatte, ihm beizustehen.

So rief er: »Gullin Hestur! Gullin Hestur! Gullin Hestur!« Und es dauerte nur ein paar Augenblicke, da sprengte nun das Pferd herbei. Es trug einen kostbaren Sattel auf dem Rücken und brachte eine vollständige Rüstung mit. »Ulrik, leg rasch die Rüstung an – und dann wollen wir nach der Prinzessin sehen!«

Ulrik tat, wie ihm geheißen – und kurz darauf stand er als stattlicher Ritter da, schwang sich auf das Pferd und ritt los.

Der König war mittlerweile noch trauriger geworden, denn all die Helden vermochten nicht, die Prinzessin von dem Glasberg zu retten – zu glatt und steil war der Berg.

Doch da kam plötzlich ein Ritter in goldener Rüstung auf einem golden glänzenden Pferd angeritten. Alle Anwesenden staunten. Und sie staunten noch viel mehr, als der Ritter auf seinem Pferd geradewegs den gläsernen Berg hinaufritt, ganz so, als würde er einen grasbedeckten Hügel hinaufreiten. Der goldene Ritter hob die Prinzessin auf sein Ross, ritt mit ihr hinunter und setzte sie vor ihrem Vater, dem König, ab. Nun war der Jubel groß, und der König hätte dem Ritter gern sofort seine Tochter zur Frau gegeben – die Prinzessin hätte auch nichts dagegen gehabt. Doch der Ritter sprach: »Mein König, ich bin doch nur der Bastard eines Bauernsohns und nicht würdig. Die Prinzessin will mich sicherlich nicht zum Manne haben.«

Da blickte die Prinzessin Ulrik in die Augen, und was sie sah, gefiel ihr sehr. »O doch, das will ich!«, rief sie.

Da nahm Ulrik den Helm ab, und jeder konnte sehen, dass der goldene Ritter in der Tat Ulrik, der Bauernsohn, war.

Seine Brüder fielen vor ihm auf die Knie und baten ihn um Verzeihung, die er ihnen gern gewährte, denn Ulrik hatte ein gutes Herz.

Schon am nächsten Tag wurde Hochzeit gefeiert, und Prinz Ulrik und seine Prinzessin lebten glücklich und zufrieden. Und als der alte König starb, wurde Ulrik König und herrschte gütig und weise – und wenn er guten Rat benötigte, rief er: »Gullin Hestur.«

Der Bär

Es gibt nur wenige Tiere, die beeindruckender sind als der Bär. Seine Größe und Kraft sorgen dafür, dass er keine natürlichen Feinde hat – vom Menschen einmal abgesehen. Dabei sind Bären nicht, wie viele annehmen, ausgesprochene Fleischfresser. Die meisten nehmen überwiegend Früchte und andere pflanzliche Nahrung zu sich. Doch diese Ernährung ergänzen sie durch Insekten, Larven, Nagetiere – und selten auch größere Tiere, Rehe, Hirsche und, was sie bei den Menschen nicht sehr beliebt macht, auch Vieh.

Der Bär ist ein Einzelgänger, der vor allem nachts und in der Dämmerung aktiv ist. Tagsüber ruht er meist in Höhlen oder hohlen Baumstämmen. Und im Winter zieht er sich zur Winterruhe zurück.

Während der Bär früher weit verbreitet war, findet man ihn heute in Mitteleuropa nur noch selten. Doch obwohl die meisten Bärenarten vom Aussterben bedroht sind, gilt das nicht für den Braunbären, der im abgelegenen hohen Norden Europas noch häufig anzutreffen ist.

Der Bär in der Mythologie

Der Bär ist beeindruckend, insbesondere dann, wenn er sich wie ein Mensch aufrichtet und auf den Hinterbeinen steht. Daher ist er wohl auch eines der ältesten Kult- und Krafttiere und findet sich in den Mythologien vieler Völker. Vor allem in Gesellschaften, die als Jäger und Sammler leb(t)en, wurde und wird der Bär verehrt, mitunter wird er gar als Gottheit betrachtet.

Bärenkulte gibt es wahrscheinlich schon seit der Steinzeit. Höhlenmalereien, die Zehntausende von Jahren alt sind, zeigen, wie fasziniert die damaligen Menschen vom Bären waren. Insbesondere in Sibirien, aber auch bei den nordeuropäischen Samen halten sich bis heute Reste der alten Bärenkulte.

Dieses Krafttier befindet sich sogar am Himmel: Der Große Bär, Ursa Major (lateinisch für »Große Bärin«), ist wohl eines der bekanntesten Sternbilder. Auch in vielen Wappen kommt er vor, zum Beispiel in dem von Berlin.

Nur in den germanischen Sprachen gibt es die Wortwurzel »Bär«. Sie geht auf die Bedeutung »Brauner« zurück. Manchen Sprachforschern zufolge wurde damit das eigentliche Wort für das Tier gemieden, um es nicht beschwörend herbeizurufen.

Die Kelten hingegen hatten zwar kein solches Tabuwort – doch auch sie verehrten Götter in Bärengestalt. Und selbst der legendäre König Artus ist eng mit Bärenlegenden verknüpft. »Artus« ist nämlich die latinisierte Form des keltischen *Arto-rīg-ios* (von *arto-rig* [Bärenmann]).

Woran erkennst du, dass du ein »Bär« bist?

Wenn du ein »Bär« bist, wirst du auf jeden Fall selbstgenügsam sein. Du brauchst nicht unbedingt andere Menschen um dich herum, um dich wohlzufühlen – im Gegenteil: Du hast gern deine Ruhe und magst es nicht, wenn man ungebeten in dein Privatleben vordringt. Das ist so typisch für den Bären, dass man sagen kann, jemand, der gern auf Partys geht und lieber unter Menschen als allein ist, habe mit ziemlicher Sicherheit nicht den Bären als Geburts-Krafttier.

Dabei ist es keineswegs etwa so, dass Menschen mit dem Bären als Geburts-Krafttier ihre Mitmenschen nicht mögen oder gar verabscheuen würden. Es liegt auch nicht daran, dass der Bär scheu und schüchtern wäre – ganz und gar nicht. Er ist eben nur selbstgenügsam und weiß, dass in der Ruhe die Kraft liegt. Die spirituelle Suche braucht Zeit. Der Rückzug auf sich selbst ist wichtig: In allen Religionen gibt es besonders spirituelle Menschen, die sich zumindest zeitweise aus der Gesellschaft zurückziehen, um zu sich selbst zu finden und zu dem, was über das Ich hinausgeht.

Als »Bär« hast du genau dieses Gefühl und legst Wert darauf, deine Grenzen zu schützen. Das führt dazu, dass man dich – eigentlich ganz zu Recht – für etwas eigenwillig hält. Doch das ist auch gut so: Du hast deinen eigenen Willen und bist authentisch. Genau das schätzt man aber auch an dir.

Der Monat des Bären ist der September. Spürst du, wenn der Sommer zu Ende geht und der Herbst naht, eine besondere Kraft in dir? Fühlst du eine wilde Freude, die von innen her kommt? Das ist ein starkes Anzeichen dafür, dass du den Bären als Geburts-Krafttier hast.

Haupteigenschaften des Bären

- Kraft
- Innere Ruhe
- Bereitschaft zum Rückzug
- Eigenwilligkeit
- Entschlossenheit
- Authentizität
- Schutz von Grenzen
- Selbstgenügsamkeit

Wenn du ein »Bär« bist ...

... weißt du, dass in der Ruhe deine Kraft liegt. Vielleicht glaubst du im Moment noch nicht, die Ruhe wegzuhaben, und vielleicht spürst du nur selten etwas von der Entschlossenheit und Selbstgenügsamkeit deines Krafttiers. Dass du dein Potenzial noch nicht entfaltet hast, heißt aber keineswegs, dass du es nicht hast. Allein schon das Wissen darum, dass diese Eigenschaften in deinem Unterbewusstsein schlummern, wird es dir leichter machen, sie aufzuspüren.

Natürlich wünschen sich Menschen oft bestimmte Eigenschaften und versuchen, sie mit aller Kraft und Willensanstrengung zu erreichen. Oder aber sie resignieren und haben die Hoffnung aufgegeben, sie jemals zu erreichen. Und genau dann ist es so hilfreich, sein eigenes Krafttier zu kennen. Wenn du nämlich weißt, dass etwas in dir ist, brauchst du nicht so viel Energie, um es zu erreichen – du musst dann nur lernen, den Kontakt nach innen herzustellen.

Die Eigenschaften deines Geburts-Krafttiers, welches auch immer es ist, begleiten dich vom ersten Tag deines Lebens an. Sie sind ein fester Teil von dir. Nur ist dein Krafttier natürlich nicht der einzige Faktor, der dein Leben bestimmt. Deine Gene, deine Erziehung, das, was du erlebt hast, insbesondere wenn es traumatisch war, haben deine Denk-, Gefühls- und Verhaltensmuster ebenfalls geformt – manchmal leider so stark, dass dein Krafttier nicht zum Ausdruck kommen kann. Doch wenn du es gefunden hast – etwa durch ein Initiationsritual, durch Träume oder den Test am Anfang dieses Buches –, dann kannst du auch mit ihm Verbindung aufnehmen und seine positiven Kräfte für dich nutzen.

Wenn du ein »Bär« bist, ist es wichtig für dich, zunächst einmal zur inneren Ruhe zu finden. Dann wirst du entdecken, dass du aus dieser kraftvollen Ruhe unendlich viel Energie schöpfen kannst. Als »Bär« hast du den Impuls, dich hin und wieder zurückzuziehen. Das wird manchmal von deinen Mitmenschen nicht sofort akzeptiert – doch es ist wichtig für deine Entwicklung und für deine Lebenszufriedenheit. Als »Bär« brauchst du diese Zeiten des Rückzugs. Steh dazu und setze deine Bedürfnisse durch. Du kannst dabei auf die Entschlossenheit deines Krafttiers, des Bären, zurückgreifen. Lass dich von anderen nicht davon abhalten zu sein, wer du wirklich bist. Du bist eigenwillig und authentisch – und das ist auch gut so. Akzeptiere die Bärenkraft in dir. Manchmal kann es sein, dass andere dich bedrängen und ihre eigenen Bedürfnisse auf dich projizieren, beispielsweise wenn sie meinen, dass du dich mehr in Gesellschaft begeben solltest. Lass dich davon nicht beeinflussen. Schütze deine Grenzen! Das wird dir nicht allzu schwerfallen, wenn dein Krafttier der Bär ist.

Achte darauf, dir deine eigenen Grenzen wirklich klarzumachen. Sonst läufst du Gefahr, die Vorstellungen deiner Mitmenschen so sehr zu verinnerlichen, dass du meinst, es wären deine eigenen.

Ich habe festgestellt, dass Menschen, deren Krafttier der Bär ist, manchmal vor einem Dilemma stehen. Sie spüren zwar das Bedürfnis nach Rückzug, doch sie fürchten zugleich die Einsamkeit. Und diese Sorge ist natürlich nicht ganz unberechtigt: Gerade wenn sie ihre Bedürfnisse nach zeitweiligem Rückzug zu lange unterdrückt haben, kann das leicht ins Auge gehen; dann werden »Bären« eigenbrötlerisch und ziehen sich immer mehr von ihrer Außenwelt zurück. Das ist selten von Vorteil, nicht einmal für den Bären. Freundschaften und menschliche Kontakte zu pflegen ist für jeden Menschen notwendig, ganz gleich, welches Krafttier ihn begleitet.

Falls du ein »Bär« bist, besteht die Lösung darin, ganz authentisch zu sein und dich selbst zu akzeptieren und zu lieben. Zieh dich gelegentlich zurück, um die Quelle deiner Kraft immer wieder neu zu entdecken. Doch bleib gleichzeitig innerlich mit den Menschen verbunden, die dich auf deinem Lebensweg begleiten. Höre auf die Stimme deines Tierbegleiters, steh zu dir selbst und schütze deine Grenzen, ohne andere abzulehnen. Dann wirst du die innere Kraft, die dein Krafttier vermittelt, in ganzer Fülle erfahren.

Die wichtigsten Lebensaufgaben des Bären

- Mach die innere Ruhe zu deiner Stärke.
- Wage es, dich ohne Bedenken zurückzuziehen, wenn du das Bedürfnis spürst – es ist deine Kraftquelle.
- Setze Grenzen, und lass nicht zu, dass deine persönlichen Grenzen verletzt werden.
- Fürchte die Einsamkeit nicht – aber suche sie auch nicht: Freunde sind wichtig.
- Lerne, dich selbst zu lieben, wie du bist.

Wie die Verbindung zum Bären dir helfen kann

Es gibt Situationen und Lebenslagen, in denen der Bär ein idealer Helfer ist, beispielsweise dann, wenn du Schwierigkeiten hast, anderen deine Grenzen aufzuzeigen. Das ist der Fall, wenn du Mobbing erleiden musst oder wenn du damit kämpfst, wirklich authentisch zu sein. Dann kannst du, auch wenn dir ein anderes Geburts-Krafttier zur Seite steht, jederzeit mit dem Krafttier Bär Verbindung aufnehmen und dir von ihm helfen lassen. (Wie du Kontakt zu einem Krafttier aufnimmst, erfährst du ab Seite 231.)

Ich habe ja schon die wichtigsten Hilfestellungen genannt, die dir der Bär bieten kann: Er bestärkt dich darin, du selbst zu sein. Das ist wichtig, wenn du in Konflikten mit anderen Menschen stehst und wenn andere dir sagen wollen, wer du sein sollst, du jedoch das starke Gefühl hast, dass du nicht der Mensch bist, den diese sich wünschen. Es ist ja manchmal nicht so leicht, authentisch zu sich selbst zu stehen – und das ohne großen Streit und Kampf. Der Bär kann dich in solchen Situationen unterstützen, ebenso wenn dein Leben gerade ein wenig chaotisch ist und du in einer sehr unruhigen und unübersichtlichen Phase steckst, in der du die Orientierung verloren hast.

Ganz allgemein kann man sagen, dass der Bär ein guter Helfer ist, wenn du Kraft brauchst, um ganz du selbst zu sein und dich durchzusetzen.

Helferfunktionen des Bären

- Bestärkt dich darin, du selbst zu sein.
- Gibt dir innere Ruhe in unruhigen Zeiten.
- Unterstützt dich dabei, deine Grenzen aufzuzeigen.

Affirmationen für den Bären

Um die Bärenenergie zu wecken oder zur Fülle zu bringen, ob der Bär nun dein Geburts- oder dein Helfer-Krafttier ist, sind Affirmationen eine effektive Möglichkeit. Behalte im Auge, dass es nicht auf die Worte ankommt, sondern auf die Gefühle, welche die Worte wecken – formuliere die Affirmationen dann gegebenenfalls um, sodass sie zu dir passen.

Am besten wirken sie, wenn du sie in ein kleines Ritual einbindest:

- Setz dich hin, und schließe die Augen.
- Stell dir einen mächtigen Bären vor, an den du dich anlehnst, der dich liebevoll ansieht und dich beschützt.
- Wiederhole die Affirmation, bis du das Gefühl hast, dass der Bär zufrieden ist.

Affirmationen:

- Ich bin Ruhe und Kraft.
- Es ist vollkommen in Ordnung, wenn ich mich zurückziehe.
- Ich bin, wie ich bin, und das ist gut so.

Der König und der Bär

Es war einmal ein König Ulfar, der war gütig und friedliebend und wurde von seinen Untertanen verehrt. Er war keine imposante Gestalt, aber seine Augen strahlten stets freundlich. Den Menschen in seinem Land ging es im Großen und Ganzen gut, und jeder wollte, dass es so bliebe.

Nur der König des kleinen Nachbarlandes, Karl, nicht. Der war ein rechter Wüterich und Raufbold und war schnell beleidigt. Er hatte seinen Sohn mit der schönen Tochter Ulfars verheiraten wollen – denn so wäre sein Sohn später König beider Länder geworden. Die Prinzessin aber wollte Karls Sohn, den dicken, übel riechenden Fritjof, partout nicht zum Mann. Und das zeigte sie auch deutlich, indem sie, als Fritjof um ihre Hand anhielt, nicht nur heftig den Kopf schüttelte, sondern sich auch demonstrativ die Nase zuhielt. Da wurde sein Vater, König Karl, wütend. Sein Sohn, und damit er selbst, war schwer beleidigt worden. Dieser Affront könne nur wiedergutgemacht werden, wenn Ulfar ihm die Hälfte seines Landes abträte.

So freundlich Ulfar auch war – das war wirklich ein unerhörtes Ansinnen. Er würde seiner Tochter befehlen, sich zu entschuldigen. Aber wenn sie Fritjof nun einmal nicht heiraten wolle, dann gäbe es eben keine Heirat.

Karl zögerte nicht lange und erklärte Ulfar den Krieg. Ulfar versuchte zu verhandeln, doch die Forderungen Karls wurden immer dreister. Ulfar wollte keinen Krieg. Er hatte zwar mehr Soldaten, doch Karl und seine Mannen waren für ihre Brutalität bekannt. Ein Krieg wäre für alle furchtbar, und keiner würde wirklich als Sieger daraus hervorgehen.

Von diesen Sorgen gequält schlief er ein. Da erschien ihm im Traum ein Bär. Der sprach: »König Ulfar, fasse Mut! Ich weiß, wie du diesen unsinnigen Krieg vermeiden kannst. Fordere Karl zum Zweikampf auf.«

Ulfar schüttelte den Kopf. »Was sagst du da? Ich liebe Bücher und Tiere, Karl liebt den Kampf und das Schwert. Du forderst mich zum Selbstmord auf.«

»Ulfar, vertraue mir. Ich werde dir beistehen. Forme aus Ton eine Bärenfigur, sprich: ›Bärenkraft in dir, Bärenkraft in mir‹, nimm die Figur mit zum Kampf und sprich noch einmal: ›Bärenkraft in dir, Bärenkraft in mir.‹ Du wirst den Streit gewinnen. Doch eines verlange ich: Wenn du gewonnen hast, musst du die Bärenjagd verbieten.«

Das versprach Ulfar gern.

Als er erwachte, zweifelte er jedoch. War das nicht nur ein alberner Traum gewesen? Wie könnte er Karl im Zweikampf besiegen? Da müsste er schon Bärenkräfte haben ... Aber hatte ihm der Bär im Traum nicht genau das versprochen?

Nun war Ulfar zwar friedliebend, aber ein Feigling war er nicht. Und so ließ er denn König Karl die Botschaft überbringen, dass er sich einem Zweikampf stelle – das sei allemal besser als ein Krieg. Wenn Karl gewönne, bekäme er ohne Kampf das halbe Königreich Ulfars. Wenn aber er, Ulfar, gewönne, müsse Karl nichts von seinem Land abgeben, jedoch ewigen Frieden schwören.

Als Karl diese Botschaft vernahm, lachte er laut auf. »Sag deinem König, ich bin jederzeit bereit. Doch spätestens in einer Woche findet dieser Zweikampf statt – oder es gibt Krieg!«

Eine Woche war aber nicht nötig, denn Ulfar war nämlich sofort bereit.

Also trafen sich die beiden Könige schon am folgenden Tag. Karl grinste auf den einen Kopf kleineren und deutlich schmächtigeren Ulfar herab. Der aber berührte noch einmal seine Bärenfigur und murmelte: »Bärenkraft in dir, Bärenkraft in mir.« Und dann begann der Zweikampf. Karl sprang vor und schwang sein Schwert mit einem mächtigen Streich – doch Ulfar hielt seinen Schild dagegen und blieb zu jedermanns Erstaunen standhaft. Dann schlug er mit seinem Schwert zu, und der Schlag war so heftig, dass Karl zu Boden stürzte. Karl rappelte sich wieder auf, und weitere Schläge wurden ausgetauscht. Doch immer wieder wehrte Ulfar die Schläge mühelos ab, während seine eigenen Hiebe Karl zu

Boden warfen. Schließlich, grün und blau am ganzen Leib, gab Karl auf.

So siegte der friedliebende, gütige König Ulfar - und die Bärenjagd war fortan im ganzen Königreich streng verboten.

Die Eule

Die Eule ist wohl eines der stärksten Krafttiere – und mit Sicherheit eines der bekanntesten Tiere, da sie eine sehr typische Gestalt hat. Sie unterscheidet sich stark von der anderer Vögel.

Was sie aber vor allem vor anderen Vögeln auszeichnet, ist ihre Wahrnehmungskraft. Sowohl ihre Augen als auch ihre Ohren weisen Besonderheiten auf, die sie extrem gut sehen und hören lassen. Auch das Gehirn von Eulen ist außerordentlich gut entwickelt.

Und da ist noch eine Besonderheit der Eule: ihr Flug. Eulen haben eine größere Flügelfläche im Verhältnis zu ihrem Körpergewicht als üblich, und ihre Flugfedern haben einen weichen Rand – das alles führt dazu, dass ihr Flug extrem geräuscharm ist. Sie kommt wie aus dem Nichts, wie ein Gespenst. Und das war für sie, insbesondere nach der Christianisierung, nicht gerade ein Vorteil.

Die Eule in der Mythologie

Es liegt auf der Hand, dass die Eule in der Mythologie eine große Rolle spielt. Sie galt meist als Symbol für Weisheit und den Kontakt mit dem Jenseitigen. Letzteres führte aber auch dazu, dass sie schon immer einen Ruf als Unglücksbote hatte: In einigen Gegenden glaubte man, ihr Ruf kündige den Tod eines Menschen an. Andererseits gab es vielfach aber auch einen praktisch entgegengesetzten Glauben, der besagte, dass der Ruf der Eule die Geburt eines Kindes signalisiere.

Bei den Kelten gehörte die Eule – neben Adler, Amsel und Hirsch – zu den ältesten Tieren, die schon seit Anbeginn der Welt da waren und sehr verehrt wurden. Die Kelten glaubten auch, dass die Eule die Seelen der Menschen ins »Land der Ewigen Jugend« (Tír na nÓg) begleitet, einen der bekanntesten mythischen Orte in der Anderswelt der irisch-keltischen Mythologie.

Im Laufe der Christianisierung bekam das Bild der Eule als Trägerin der Weisheit immer tiefere Risse. Während sie zunächst noch als Symbol für Jesus Christus galt, wandelte sich das später, und die Eule wurde zum Sinnbild der Juden und der Sünder, zum Begleiter von Hexen und Zauberern. Das ging so weit, dass die Eule als Dämon betrachtet wurde, dessen Blick töten konnte. Nicht zuletzt deshalb gelten auch heute noch alle Eulenarten als gefährdet.

Woran erkennst du, dass du eine »Eule« bist?

Die Eule steht für Weisheit. Nun musst du natürlich nicht gleich ein großer Philosoph und Lehrer sein, wenn die Eule dein Geburts-Krafttier ist; doch die Anlage und die Suche nach Weisheit solltest du schon in dir spüren können. Selbst dann, wenn die Eigenschaften deines Krafttiers durch Lernerfahrungen überformt sind – ein Hang zur Suche nach den letzten Wahrheiten ist, gerade bei der Eule, so tief in dir verwurzelt, dass »Eulen« sich in aller Regel recht eindeutig zeigen. Wenn du ein Mensch bist, der eher technisch denkt und für den Philosophie und Spiritualität nutzlose Beschäftigungen oder gar Spinnerei sind, ist es sehr unwahrscheinlich, dass die Eule dein Geburts-Krafttier ist. Auch wenn du sehr gläubig bist, bist du aller Wahrscheinlichkeit nach keine »Eule«.

Wenn du die Eule als Begleiter hast, zeigt sich das auch an einem großen Interesse an der Heilkunst. Herausragende Heiler und Ärzte haben nicht selten die Eule als Geburts-Krafttier. Du erkennst schnell, was den Leiden deiner Mitmenschen zugrunde liegt, und hast oft auch eine gute Vorstellung davon, was ihnen helfen könnte. Überhaupt fällt es dir sehr leicht, Zusammenhänge zu erkennen.

Ziemlich sicher bist du auch am Jenseitigen interessiert. Du spürst, dass der Tod nicht das wirkliche Ende ist. Das hängt nicht mit einem bestimmten Glauben zusammen. Es ist mehr ein Gefühl tief in dir, das dir eine große Gewissheit gibt.

Menschen, die dir begegnen, fühlen sich in deiner Gegenwart meist sehr wohl oder spüren Respekt vor dir, der daher rührt, dass deine Anwesenheit düstere Stimmungen zu vertreiben scheint. Auch deine Besonnenheit ist eine wunderbare Eigenschaft, welche die Menschen anzieht. Andererseits haben manche auch ein wenig Scheu vor dir: Du bist ihnen zwar nicht unsympathisch, doch deine innere Stärke, die mehr erfasst, als sie begreifen können, ist ihnen mitunter etwas unheimlich.

Der Monat, in dem die Eule ihre Energie am stärksten spürt, ist der Oktober. Manche Menschen werden depressiv, wenn es kälter wird, die Tage kürzer werden und die Blätter von den Bäumen fallen. Nicht so diejenigen, deren Geburts-Krafttier die Eule ist. Im Herbst geht es ihnen besonders gut. Sie spüren, wie eine innere Kraft in ihnen aufsteigt, und sie fühlen sich ganz wach und lebendig. Wie ist das bei dir? Ist der Oktober dein Lieblingsmonat, so ist das ein gutes Zeichen dafür, dass du eine »Eule« bist.

Haupteigenschaften der Eule

- Weisheit
- Besonnenheit
- Bewusstheit
- Kontakt mit dem Jenseitigen
- Heilung
- Befreiung von Angst
- Verstehen von Zusammenhängen
- Vertreibung dunkler Energien und Stimmungen

Wenn du eine »Eule« bist ...

... ist die Suche nach Weisheit deine vorrangige Lebensaufgabe. Folge deiner inneren Führung, vertraue darauf, dass dein Krafttier dir beisteht, innere Zusammenhänge und »Geheimnisse« zu entdecken. Es ist eine deiner Stärken.

Diese Stärke hilft dir auch sehr, wenn du als Heiler tätig bist; ob du nun Arzt, Heilpraktiker, Pfleger, Psychologe oder geistiger Heiler bist – du hast ein gutes Gefühl dafür, was den Menschen fehlt und wie ihre Leiden gelindert werden können. Insbesondere dann, wenn es um Ängste, seelische Krankheiten und Depressionen geht, kannst du vielen Menschen eine große Hilfe sein.

Prinzipiell gilt das auch für deine eigenen Ängste und seelischen Konflikte. Manchmal haben »Eulen« jedoch ein Problem: Sie sind dann so sehr im Leiden anderer gefangen, dass sie ihre eigenen Probleme dabei ganz übersehen. Das ist aber ein großer Fehler: Die Selbsterkenntnis, das Erkennen und Annehmen auch der eigenen dunklen Seiten, die Überwindung eigener Verletzungen und der Traurigkeit, die einen geborenen Heiler manchmal überfallen können, wenn ihm die vielen Leiden der Menschen bewusst sind – sie alle sind essenziell, um starke Heilkräfte zu entwickeln. Sieh die Selbsterkenntnis als eine deiner großen Lebensaufgaben an. Sie wird dich bei allem, was du tust, fröhlicher und erfolgreicher machen.

Eine weitere Lebensaufgabe für dich als »Eule« besteht darin, dir deiner eigenen Sterblichkeit bewusst zu werden. Das klingt für viele irgendwie düster und morbide. Doch in Wahrheit kann es eine große Befreiung sein. Nicht nur eine

Befreiung von Ängsten, sondern vor allem eine Befreiung von der Gier nach immer mehr, mehr Geld, mehr Ruhm, mehr Macht ... Wenn jemand sein Leben einzig auf materiellen Wohlstand und Anerkennung von anderen aufgebaut hat, kann ihn das Bewusstwerden der eigenen Sterblichkeit natürlich in Depressionen stürzen. Zwar weiß jeder Mensch verstandesmäßig, dass er irgendwann sterben wird. Aber trotzdem können viele sich die Welt ohne sie selbst nicht vorstellen. Natürlich nicht! Das ist ja auch tatsächlich unvorstellbar. Doch wenn man die Begrenzung der eigenen Existenz vom Gefühl her in ihrer ganzen Tiefe begreift, dann wird sich eine vollkommene Gelassenheit einstellen. Und man wird die starke Motivation spüren, sein Leben wirklich zu leben, das Wesentliche zu verwirklichen und das Unwesentliche loszulassen.

Für die Eule mit ihrem Drang zur Weisheit ist das eine der vorrangigsten Lebensaufgaben. Und diese Lebensaufgabe ist sehr erfüllend und für eine Eule auch eigentlich selbstverständlich: Tatsächlich ist es ja großartig, wenn es dir gelingt, vollkommene Gelassenheit zu erlangen und gleichzeitig für all die Dinge, die dir wirklich am Herzen liegen, motiviert zu sein! Und zum Glück kann man sowohl lernen, Gelassenheit zu entwickeln, als auch auf die Stimme seines Herzens zu hören.

Die Eule hat eine Tendenz zur Schwermut, die daher rührt, dass sie viele Zusammenhänge versteht und ihr die Leiden aller Lebewesen bewusst sind. Daraus wiederum ergeben sich der Drang und die Kraft zu heilen. Doch eine »Eule« ist selbstverständlich nicht zu düsterer Schwermut verurteilt. Ihre Weisheit und ihre Fähigkeit, belastende Stimmungen bei anderen zu vertreiben, macht es ihr möglich, all das auch auf sich selbst anzuwenden – wenn sie versteht, dass ein Teil der Weisheit immer auch Heiterkeit ist. Falls die Eule dein Krafttier ist, solltest du deinen Blick daher öfter einmal auf Freude und Heiterkeit richten, ohne die Weisheit letztlich wenig wert ist.

Die wichtigsten Lebensaufgaben der Eule

- Vertraue auf die Führung der Anderswelt.
- Erkenne die dunkle Seite deines Selbst.
- Überwinde Traumata mit Vertrauen und Weisheit.
- Lerne, mit Depressionen umzugehen, indem du die Zusammenhänge verstehst.
- Vertiefe deine angeborene Fähigkeit zu heilen.
- Werde dir deiner Sterblichkeit bewusst, und nutze dies als Quelle vollkommener Gelassenheit.
- Strebe nach Freude und Heiterkeit.

Wie die Verbindung zur Eule dir helfen kann

Nicht so viele Menschen haben die Eule als Geburts-Krafttier, doch umso mehr wählen sie gern als Helfertier in schwierigen Situationen. Insbesondere in existenziellen Krisen ist die Eule ein machtvolles Helfer-Geistwesen. (Wie du Kontakt zu einem Krafttier aufnimmst, erfährst du ab Seite 231.)

Eine der größten dieser Krisen ist es, einen geliebten Menschen zu verlieren. Es ist unendlich schwer, über den Tod des Lebenspartners oder eines Kindes, der eigenen Eltern oder des besten Freundes hinwegzukommen. Insbesondere der Tod eines Kindes kann ohne Hilfe manchmal lebenslang nicht verarbeitet und überwunden werden. Und selbst mit kompetenter Hilfe ist es natürlich immer noch unglaublich schwer. Doch so tiefgreifend derartige Erfahrungen auch sind: In jedem Fall macht es die Eule ein wenig leichter, Krisen zu meistern. Der Schmerz eines Verlustes kann dadurch zwar sicher nicht gänzlich überwunden werden, aber es fällt doch wesentlich leichter, wieder neuen Sinn und Freude im Leben zu finden.

Es gibt Krisen, die auf den ersten Blick sehr viel harmloser erscheinen als der Verlust eines geliebten Menschen durch den Tod. Beispielsweise der Verlust des Partners, wenn dieser neue Wege geht oder wenn sie oder er vielleicht eine andere Frau beziehungsweise einen anderen Mann kennengelernt hat. Für Betroffene ist diese Krise jedoch oft überaus tragisch. Manchmal sogar noch tragischer als der Tod eines Nahestehenden. Immerhin ist der Tod endgültig, und man kann lernen, sich im Laufe der Zeit damit zu arrangieren. Solange aber noch ein Schimmer vergeblicher Hoffnung bestehen bleibt, fällt das Loslassen manchmal noch schwerer.

Und dann gibt es noch eine Situation, in der die Eule der vielleicht beste Helfer ist: wenn man selbst mit dem Tod konfrontiert ist, weil man eine vernichtende Diagnose bekommen hat. Dann ist verständnisvoller Beistand essenziell.

Und das Helfertier Eule dient als ein solcher spiritueller Beistand. Übrigens auch, was eine vielleicht doch noch mögliche Genesung betrifft: Als Krafttier fördert die Eule ja auch in hohem Maße die Selbstheilungskräfte.

Um die kleinen alltäglichen Schwierigkeiten zu überwinden, ist dieses Krafttier als Helfer wenig hilfreich – doch wenn es um die großen Krisen im Leben geht, wird es dich oft auf wunderbare Weise unterstützen.

Helferfunktionen der Eule

- Hilft dir beim Verlust eines geliebten Menschen.
- Unterstützt dich, wenn du an Depressionen leidest.
- Fördert deine Heilkraft und die Selbstheilungskräfte.

Affirmationen für die Eule

Um die Kraft der Eule in dir zu spüren und Verbindung zu ihr aufzunehmen, kannst du Affirmationen verwenden; das ist besonders einfach und unproblematisch. Denke daran, dass die Affirmationen keine Zaubersprüche sind, die ganz genauso rezitiert werden müssen – es geht um die Gefühle und Bilder, die sie bei dir auslösen. Deshalb solltest du, wenn dir eine Formulierung nicht so liegt, keinerlei Scheu haben, sie so umzuformulieren, dass sie dich wirklich anspricht.

Mit einem kleinen Ritual wirken Affirmationen besonders kraftvoll:

- Setz dich hin, und schließe die Augen.
- Stell dir eine weise Eule vor, die auf deiner Schulter oder auch auf dem Ast eines Baumes über dir sitzt und bereit ist, dir zu helfen.
- Wiederhole die Affirmation, bis du das Gefühl hast, dass die Eule zufrieden ist.

Affirmationen:

- Ich spüre heilende Kraft in mir.
- Das Dunkle und das Helle, beide bedingen einander.
- Alles endet irgendwann – unendliche, heitere Gelassenheit.

Der Apfelbauer und die Eule

Knut, ein Mann, der nicht reich und nicht arm war, besaß einen großen Apfelgarten. Die Bäume trugen große, süße Äpfel. Die verkaufte er auf dem Markt und hatte damit ein Einkommen, mit dem er zufrieden war. Doch eines Tages kaufte ein Mann namens Oscar das Nachbargrundstück und pflanzte dort ebenfalls Apfelbäume. Nach einigen Jahren trugen auch diese große, süße Früchte, die er auf dem Markt verkaufte. Nun wäre das nicht weiter schlimm gewesen, denn es gab schließlich genug Menschen, welche die Äpfel haben wollten. Dennoch ärgerte sich Knut und sprach schlecht über Oscar. Der aber lachte ihn nur aus und verfiel auf eine List, um Knut zu schaden – immer wenn Markttag war, sah er nach, für wie viel Groschen Knut seine Äpfel verkaufte, um dann die seinen für einen halben Groschen billiger feilzubieten. Daraufhin musste Knut auch seine Äpfel für einen halben Groschen weniger verkaufen. Das half aber nichts, denn Oscar gab seine wieder für einen halben Groschen weniger her.

Nun wusste Knut, dass im Wald eine weise Eule wohnte, die, wenn man sie nur freundlich bat und ihr eine Frucht oder eine Maus mitbrachte, einen guten Rat gab. So machte sich Knut auf den Weg tief in den Wald zur Baumhöhle, wo die Eule wohnte, und trug ihr sein Anliegen vor.

Die Eule dachte eine Weile nach und sprach: »Du packst es falsch an. Wenn du so weitermachst, werdet ihr bald die Leute dafür bezahlen müssen, dass sie eure Äpfel nehmen.«

»Ja, freilich«, sagte Knut mürrisch. »Das habe ich selbst gemerkt. Daher bin ich ja zu dir um einen Rat gekommen.«

Die Eule sah Knut an und sprach: »Nun höre meinen Rat. Stelle eine Götterstatue vor deinem Laden auf. Und wenn dein Nachbar seine Äpfel einen halben Groschen billiger macht, so lach nur darüber, und mach deine einen Groschen teurer – dann werden viele glauben, dass deine Äpfel besser sind, und gern mehr dafür zahlen.«

Knut schüttelte den Kopf. Das sollte ein guter Rat sein? Ohne sich zu bedanken, wandte er sich um, ging nach Hause, und alles blieb wie zuvor. Nun ja, nicht ganz. Die Geschäfte seines Nachbarn liefen immer besser und seine schlechter. Da erinnerte er sich an den Rat, eine Götterstatue aufzustellen. Schweren Herzens kaufte er eine. Er betete um Glück für sich selbst und verfluchte zugleich seinen Nachbarn – aber das half gar nichts. Im Gegenteil: Sein Fluch schien seinem Nachbarn eher zu nutzen.

Schließlich war er so verzweifelt, dass er die Eule nochmals aufsuchte.

»Was hast du mir geraten?«, sprach er vorwurfsvoll. »Die Götter hören nicht auf mich. Ich verfluche meinen Nachbarn, und sie helfen ihm.«

Die Eule schüttelte den Kopf und sah ihn streng an. »So geht das nicht. Ein Fluch fällt immer auf dich selbst zurück. Bitte die Götter, dass es deinem Nachbarn gut gehen möge!«

Knut drehte sich wortlos um und ging nach Hause. Offensichtlich war es nur ein Gerücht, dass die Eule weise wäre. So etwas Dummes hatte er noch nicht gehört! Diesem üblen Kerl sollte er Gutes wünschen? Nie und nimmer! Knut wurde immer wütender. Und eines Nachts schlich er sich in des Nachbars Garten und schnitt in die Rinde der Apfelbäume, sodass sie starben. Der aber merkte das sofort und tat Knuts Apfelbäumen das Gleiche an. Nun hatten beide nichts mehr zu verkaufen. Doch während der Nachbar ein wenig Geld geerbt hatte, war Knut jetzt vollends verarmt. In seiner Verzweiflung lief er ein weiteres Mal in den Wald zur Eule. »Ich habe nun nichts mehr – gib mir doch einen Rat, was ich nun tun soll!«

Die Eule sah ihn eine Weile schweigend an. Dann sprach sie: »Wenn jemand hungert, dann gibt man ihm Nahrung. Wenn er das Essen ausspuckt, aber Nahrung nötig hat, gibt man ihm etwas anderes. Wenn er aber auch das verachtet, dann ist es Verschwendung, ihm länger Essen anzubieten.«

Und als sie das gesagt hatte, breitete sie die Flügel aus, rief: »Schuhuhu!«, flog lautlos davon – und ließ Knut so dumm dastehen, wie er wohl auch war.

Der Hirsch

Wenn man einen Hirsch sieht, hat man unmittelbar den Eindruck, er sei der »König des Waldes« – wirkt sein Geweih nicht wie eine Art Krone? Der Hirsch ist ein starkes und majestätisches Krafttier. Seine würdevolle Erscheinung wurde einerseits schon immer bewundert, die Kehrseite war allerdings, dass man ihn gerade wegen seines Geweihs gejagt hat, um sich dann die königliche Trophäe an die Wand zu hängen. Manche Hirscharten sind daher entweder bereits ausgestorben oder vom Aussterben bedroht. Doch einige, wie der Rothirsch, der Damhirsch und der Elch, sind in Europa auch heute noch verbreitet.

Eine Besonderheit des Hirsches ist, dass er im Gegensatz zu anderen gehörnten Tieren jedes Jahr sein Geweih abwirft und in kürzester Zeit neu bildet: Das Hirschgeweih ist damit eines der am schnellsten wachsenden Organe im Tierreich, weshalb der Hirsch als Krafttier für Loslassen und Erneuerung steht.

Der Hirsch in der Mythologie

Es dürfte kaum erstaunen, dass der Hirsch in der Mythologie vieler Kulturen auftaucht. Am deutlichsten kommt das in den keltischen Mythen zum Ausdruck. Die Kelten kannten nämlich einen Hirschgott namens Cernunnos. Abbildungen von Cernunnos zeigen ihn häufig in einer sitzenden Haltung, die deutlich an den Lotossitz im Yoga erinnert. Möglicherweise gab es eine Verbindung, die in der Zeit vor vier- bis fünftausend Jahren bestand. Das sogenannte Mohenjo-Daro-Siegel aus dem alten Indien, das mehr als 4500 Jahre alt ist, zeigt eine Abbildung, die Cernunnos verblüffend ähnlich sieht. Im Übrigen galt der Hirsch – neben Adler, Amsel und Eule – bei den Kelten als eines der Tiere, die am längsten bestehen.

In der nordischen Mythologie kommt der Hirsch ebenfalls vor: Vier Hirsche mit den Namen Dain, Dwalin, Duneyr und Durathror nagten an der Weltenesche Yggdrasil. Damit sind sie einer der drei Faktoren, die sozusagen an der Welt nagen: der normale Verfall (Fäule), das Böse in Form des Drachen Nidhögg und die Hirsche als das nützliche, weltliche Prinzip. Die Idee von dem Weltenbaum, der Schlange (dem Drachen) und dem Hirsch ist uralt und geht auf eine Zeit lange vor schriftlichen Überlieferungen zurück. Im Christentum finden sich noch Überbleibsel der alten Mythologie: Der Hirsch galt als Gegenspieler der Schlange, also des Bösen.

Woran erkennst du, dass du ein »Hirsch« bist?

Bist du schnell für etwas zu begeistern, und machst du dich dann mit viel Energie daran, das in deinem Leben umzusetzen? Das wäre schon einmal ein Anhaltspunkt dafür, dass der Hirsch dein Geburts-Krafttier ist.

Was das Krafttier ebenfalls auszeichnet, ist seine »männliche« Energie. Das hat aber nichts mit dem tatsächlichen Geschlecht zu tun. Es ist eben der Pol der Energie, der aktiv ist, eingreift und vorwärtsstürmt, während der »weibliche« Pol der wäre, der mit Achtsamkeit, Hervorbringen und Nähren zusammenhängt. Unabhängig vom biologischen Geschlecht – wenn du den Hirsch als Geburts-Krafttier hast, wird mit großer Sicherheit die »männliche« Energie in deinem Tun dominant sein: Ein »Hirsch« ist aktiv, zupackend und beschützend. Wenn du dich darin nicht wiederfindest, ist es eher unwahrscheinlich, dass der Hirsch dein Geburts-Krafttier ist.

Jedes Krafttier hat ja besondere positive Eigenschaften. Die vielen positiven Kräfte des Hirsches machen ihn zu einem wunderbaren spirituellen Begleiter.

Wir haben im Kapitel über den Hasen schon über die »männliche«, aktive Energie gesprochen. Die ist an und für sich weder etwas Gutes noch etwas Schlechtes – sie steht eben nur für einen der beiden Pole des kosmischen Prinzips von Yin und Yang, die der chinesischen Philosophie zufolge einander bedingen. Beim Hirsch allerdings trifft die männliche Energie mit Verantwortungsbewusstsein, hoher sozialer Intelligenz und Ausgeglichenheit zusammen. Und das ist fraglos sehr gut. Als »Hirsch« bist du wahrscheinlich außerdem noch ziemlich belastbar, sei es körperlich oder seelisch.

Was den Hirsch aber zu so einem hervorragenden Seelenbegleiter macht, ist seine Bereitschaft, sich zu verändern oder ganz zu erneuern – und dabei immer die Würde zu bewahren. Trifft das auch auf dich zu?

Schließlich muss ich noch den Energiemonat des Hirsches erwähnen, denn er könnte dir zudem Aufschluss darüber geben, ob der Hirsch oder doch eher ein anderes Krafttier dein Seelenbegleiter ist. Sein Energiemonat ist der November. Bist du besonders frisch, kraftvoll und froh, wenn es anfängt, wirklich kalt zu werden, die Tage nun schon sehr spürbar kürzer sind und der Winter naht? Dann spricht dies dafür, dass du dein Krafttier gefunden hast. Ich bin jedenfalls noch niemandem begegnet, dessen Kraftmonat der November ist und der nicht den Hirsch als Seelenbegleiter hatte – ganz selten war es der Rabe. Wenn du die Erfahrung gemacht hast, dass du dich im typischen November am wohlsten fühlst, bin ich mir ziemlich sicher: Der Hirsch ist dein Geburts-Krafttier.

Haupteigenschaften des Hirsches

- Begeisterungsfähigkeit
- Würde
- Verantwortungsbereitschaft
- Männliche Energie

- Veränderungsbereitschaft
- Erneuerung
- Soziale Intelligenz
- Ausgeglichenheit
- Belastbarkeit

Wenn du ein »Hirsch« bist …

… hast du potenziell eine ganze Reihe großartiger Eigenschaften, die dir hilfreich sind auf deinem Lebensweg, wohin er dich auch führen mag. Ist der Hirsch dein Geburts-Krafttier, heißt das jedoch leider noch nicht, dass du alle positiven Eigenschaften und Fähigkeiten bereits entwickeln konntest, die dein wirkliches Wesen ausmachen. Doch du weißt dann immerhin, dass sie in dir schlummern und ganz erweckt werden können, wenn du erst einmal einen guten Kontakt zwischen deinem Krafttier, deinem Unterbewusstsein, und deinem Bewusstsein hergestellt hast.

Als »Hirsch« wird es dir leichter als anderen fallen, eine große Gruppe, einen Verein, eine Partei oder eine Firma erfolgreich zu führen. Alle Kräfte des Hirsches tragen dazu bei: die Begeisterungsfähigkeit, die Verantwortungsbereitschaft, die »männliche« Energie, also das aktive, kraftvolle Zupacken und Handeln, die Bereitschaft, für notwendige Veränderungen bis hin zur vollständigen Erneuerung zu sorgen – und das auch noch gepaart mit hoher sozialer Intelligenz, Ausgeglichenheit und überdurchschnittlicher Belastbarkeit.

Das klingt schon nach der perfekten Macherin oder dem perfekten Macher.

Nun bist du natürlich nicht wirklich perfekt. Das kommt daher, dass du ein Mensch bist – niemand von uns ist perfekt. Doch dir fällt es leichter als anderen, einer gewissen aktiven, leistungsbezogenen Perfektion nahezukommen – und noch wichtiger: dich dabei auch wohlzufühlen. Nach Vollkommenheit zu streben und sich dabei zu quälen, das können viele. Und es tut keinem gut. Doch mit dem Hirsch als Seelenbegleiter ist das grundsätzlich anders: Im Streben nach Vollkommenheit kannst du deine Erfüllung finden.

Da du sehr viele positive Kräfte zur Verfügung haben wirst, wenn du Kontakt mit deinem Krafttier aufnimmst, ist es deine vorrangige Lebensaufgabe, deine Energien auf Gutes, Wertvolles, Liebevolles zu richten.

Für alle, die den Hirsch als Geburts-Krafttier haben, besteht eine besondere Lebensaufgabe außerdem darin, ihre Vaterkonflikte zu überwinden. Da der Hirsch das »männliche« Prinzip darstellt, sind solche Schwierigkeiten eher die Regel als die Ausnahme. Und es hat wiederum nichts damit zu tun, welchem Geschlecht du angehörst. Natürlich zeigen sich Vaterkonflikte unterschiedlich. Doch die »männliche« Energie hat eben auch den Aspekt, aktiv die Führung übernehmen zu wollen. Es braucht wohl nicht viel Fantasie, um sich vorzustellen, wie sich das bei Kind-Vater-Beziehungen auswirkt – der Vater ist, schon aus biologischer Sicht, derjenige, der die Führung übernimmt. In einer traditionellen Beziehung ist der tatsächliche Vater der »Vorstand« der Familie; aber selbstverständlich kann es ebenso die Frau sein. Nur mit dem Unterschied, dass sie von Natur aus über viel »weibliche« Energie verfügt und in der Regel keine Vaterkonflikte auslöst. Aber keine Regel ohne Ausnahme. Und natürlich gibt es auch Mutterkonflikte. Es würde über den Rahmen dieses Buches hinausgehen, das alles auszuführen. Wichtig für diejenigen mit dem Seelenbegleiter Hirsch ist aber vor allem eines: Wenn Vaterkonflikte bestehen, profitieren »Hirsch-Menschen« ganz besonders von einer Lösung. Sie stärkt auch die Verbindung mit dem Seelenbegleiter und zieht weitere überraschende Vorteile nach sich.

Die wichtigsten Lebensaufgaben des Hirsches

- Lass dich von deiner Begeisterungsfähigkeit zu deinen Zielen tragen, aber verliere dabei nicht die Realität aus den Augen.
- Nutze deine soziale Intelligenz und Verantwortungsbereitschaft, um Gutes zu bewirken.
- Werde dir deines männlichen Poles bewusst (auch wenn du kein Mann bist!).
- Vertraue auf deine Belastbarkeit, und kultiviere deine Ausgeglichenheit, um dich zu erneuern, wenn es Zeit dafür ist.
- Überwinde Vaterkonflikte.

Wie die Verbindung zum Hirsch dir helfen kann

Der Hirsch – und wen kann das bei den vielen positiven Eigenschaften und Fähigkeiten verwundern? – ist bei Menschen, die ein anderes Krafttier haben, als Helfer in bestimmten Lebenslagen sehr gefragt. (Wie du Kontakt zu einem Krafttier aufnimmst, erfährst du ab Seite 231.)

Der Hirsch ist zweifellos ein machtvoller Helfer. Vor allem die Gesamtheit seiner positiven Eigenschaften macht ihn so außergewöhnlich. Wenn du in schweren Lebenskrisen steckst, ist der Hirsch sicher nicht das Helfer-Krafttier der Wahl, wohl aber wenn es darum geht, alltägliche Schwierigkeiten zu lösen, denn auch sie können mit der Zeit sehr belastend werden. Der Hirsch kann dich in jeder Situation unterstützen, indem er deine Belastbarkeit und deine dynamischen Energien stärkt.

Bei typischen Männerproblemen ist der Hirsch oft der beste Helfer. Und ebenso bei sehr belastenden Situationen – wie etwa bei einem Burn-out – kann er als Helfer oft dazu beitragen, dass du lernst, mit den Belastungen produktiv umzugehen. Dazu gehört auch, dass du unwesentlich Gewordenes abwirfst. Auch das ist nämlich eine »Spezialität« der Krafttiers Hirsch.

Helferfunktionen des Hirsches

- Hilft bei Männerproblemen.
- Unterstützt dich bei neuen Vorhaben und hilft dir dabei, das Alte loszulassen.
- Erleichtert es dir, mit starken Belastungen wie einem Burn-out umzugehen.

Affirmationen für den Hirsch

Um Kontakt mit der kraftvollen Energie des Hirsches aufzunehmen, sind Affirmationen eine einfache und wirksame Möglichkeit. Durch das Rezitieren von Affirmationen kommst du mit deinem Unterbewusstsein auf eine Wellenlänge und kannst auf sein Wissen zurückgreifen. Die Worte der Affirmationen sind nicht das Entscheidende. Es geht vor allem um die Gefühle, die du mit diesen Worten verbindest – die Gefühle, welche die Worte in dir auslösen.

Ich empfehle dir, ein kleines Ritual durchzuführen, bei dem du die Affirmation verwendest:

- Setz dich hin, und schließe die Augen.
- Stell dir einen stolzen, kraftvollen Hirsch vor, der neben, hinter oder vor dir steht und über dich wacht.
- Wiederhole die Affirmation, bis du das Gefühl hast, dass der Hirsch zufrieden ist.

Affirmationen:

- Ich bewahre meine Würde in jeder Situation.
- Verantwortung ist eine Quelle der Energie – ich sorge für Erneuerung.
- Ich bin stark, gelassen und belastbar und nutze meine männliche Energie.

Der weiße Hirsch

Es waren einmal ein Müller und eine Müllerin, die hatten keine Kinder und waren darob sehr traurig, doch was konnten sie tun? So war es nun einmal. Als der Müller nun eines Morgens in seiner Mühle war und das Korn mahlte, sah er einen Korb auf dem Wasser treiben, geradewegs auf das Mühlrad zu. Rasch trat er hinzu und holte den Korb aus dem Wasser. Groß war sein Erstaunen, als er in dem Korb einen kleinen Jungen liegen sah, der nicht weinte, sondern ihn mit neugierigen Augen anblickte. Sobald der Müller mit dem Staunen fertig war, rief er seine Frau herbei und ließ auch sie staunen. Zunächst versuchten sie, die Herkunft des Knaben ausfindig zu machen – doch es wurde keiner vermisst. Und so freuten sich die Müllersleute, denn sie hatten sich ja so sehr ein Kind gewünscht. Sie liebten den Knaben, den sie Gave, »den Geschenkten«, nannten, von Herzen und erzogen ihn ganz so, wie sie ihr eigenes Kind erzogen hätten.

Als Gave vierzehn Jahr alt war, fragte ihn sein Ziehvater, was er denn werden wolle; und wie alle Väter hoffte er, der Sohn würde dasselbe wie der Vater tun wollen. Doch der

Junge dachte gar nicht daran, Müller zu werden, und sprach: »Ein Jäger will ich sein!« Der Müller war ein wenig traurig darüber, doch er sagte nichts weiter. Die Mutter hingegen bat Gave inniglich, er möge doch Müller werden; der Vater wolle ihm doch die Mühle vererben. Aber Gave blieb dabei: »Ein Jäger will ich sein!« Und so wurde er denn Jäger.

Eines Tages durchstreifte er wieder den Wald, da sah er einen großen weißen Hirsch und schoss nach ihm. Doch wundersamerweise traf er nicht. Und plötzlich war der Hirsch verschwunden, und ein großer stolzer Mann, größer noch als der hochgewachsene Gave, stand vor dem jungen Jäger, und er trug eine Krone auf dem Kopf.

Gave beugte das Knie vor dem königlichen Mann. Der sprach: »Du bist ein Kind des Waldes, Gave, und weißt doch wenig. Heute hast du auf den weißen Hirsch geschossen. Es wäre dir schlecht ergangen, wenn du getroffen hättest. Und nun höre mir gut zu: Gehst du wieder auf die Jagd und es begegnet dir ein weißes Reh, schieße es nicht, sondern folge ihm.«

Gave neigte den Kopf und versprach es.

Am folgenden Abend begab sich Gave wieder in den Wald, und tatsächlich sah er ein weißes Reh. Schon hatte er seine Waffe erhoben und gezielt – er war ja Jäger! –, doch dann fielen ihm wieder die Worte des Waldkönigs ein, und er senkte seine Waffe, ohne einen Schuss abgegeben zu haben.

Er näherte sich mit vorsichtigen Schritten dem weißen Reh, doch das sprang sogleich davon. Gave folgte ihm, aber es war zu flink, als dass er es einholen konnte. Schließlich verlor er es ganz aus den Augen und wollte schon verzweifeln, als er plötzlich ein Schloss im Wald erblickte, das er noch nie gesehen hatte.

Als er näher trat, begrüßten ihn der König des Waldes und ein Mädchen so wunderschön wie keines, und seine Augen glichen denen eines scheuen Rehs. Gave wusste nicht recht, wie er den Mut aufbrachte, doch er fiel sogleich auf die Knie und bat um die Hand des rehäugigen Mädchens, so verliebt war er.

Der König nickte wohlwollend, sah ihn jedoch durchdringend an und sprach: »Du magst wohl meine Tochter haben – doch Jäger kannst du nicht bleiben.«

Der König blickte seine Tochter liebevoll an, und sie verwandelt sich in das weiße Reh.

Gave staunte zwar, doch sein Herz hatte schon gesprochen – und er war nun nicht mehr Gave, der Jäger, sondern der Schwiegersohn von Cernunnos, dem König des Waldes, dem weißen Hirsch, und er erhielt den Titel »Beschützer des Waldes«. Fortan lebte er im Schloss und ward von Menschen nie mehr gesehen.

Die Ziege

Schon vor etwa zehntausend Jahren war die Ziege ein Begleiter des Menschen; nur der Hund ist noch länger mit uns verbunden.

Ziegen sind sehr genügsam – sie brauchen nur wenig Platz und Futter. Daher sind sie bis heute vor allem in bergigen Gegenden wie in Norwegen oder in den Alpen beliebt, wo keine Rinder gehalten werden können.

Die Ziege ist erst einmal recht unscheinbar, doch ihre Stärke und ihre Kletterfähigkeiten sind bemerkenswert. Bei den Wildformen der Ziege, zu denen auch der Steinbock gehört, beeindruckt oft auch das Gehörn – was leider dazu führte, dass die meisten wild lebenden Ziegenarten heute zu den bedrohten Arten gehören oder, wie der Pyrenäensteinbock, bereits ausgestorben sind.

Die Ziege in der Mythologie

Ihre lange Verbundenheit mit dem Menschen und ihr beeindruckendes Geschick sowie ihre außerordentliche Willensstärke machen die Ziege zu einem bedeutenden Krafttier, das auch in vielen Mythologien einen festen Platz hat.

Wie so oft wurde im Christentum als ein von den Heiden geschätztes Tier auch die Ziege als böse betrachtet. Beim Jüngsten Gericht, heißt es, scheide Christus die Schafe von den (Ziegen-)Böcken: die »guten« Schafe von den »bösen« Ziegenböcken. Die Schafe kommen in den Himmel, die Ziegen in die Hölle ... Wo sie ja anscheinend auch hingehören, da ja auch der Teufel selbst seit dem Mittelalter mit einem Ziegenfuß dargestellt wird.

Bei den Germanen war das ganz anders: Die weiblichen Ziegen kamen oft als gute und segensreiche Ammen vor. So war die Ziege Heidrun (altnordisch Heiðrún) in der nordischen Mythologie die »Himmelsziege«, deren Euter Met gab, den die Helden in Walhalla tranken. Und der Ziegenbock galt den Germanen als besonders edles Tier. Zwei Böcke, Tanngnjóstr und Tanngrisnir, ziehen Thors Streitwagen.

In Skandinavien kennt man bis heute den »Julbock«, der als Weihnachtsschmuck verwendet wird. Das ist ein Überbleibsel aus dem germanischen Mittwinter- oder Julfest, das eigentlich ein Fruchtbarkeitskult war.

Bei den Kelten waren Ziegen ebenfalls hoch angesehen. Einmal aufgrund ihrer magischen Fähigkeiten, aber auch wegen ihrer Verbindung zu den Gwyllion (Kobolden) und den Tylwyth Teg (Feen).

Woran erkennst du, dass du eine »Ziege« bist?

Eine der wichtigsten Eigenschaften der Ziege ist ihre Willenskraft. Nun ist ein starker Wille natürlich hilfreich dabei, wenn du deine Ziele erreichen willst. Doch es ist ebenso wichtig, *welche* Ziele das sind. Dabei ist die Ziege treffsicher, denn sie verbindet ihre Willenskraft mit einem kritischen Blick, auch auf sich selbst. Wenn du dich in diesen beiden Eigenschaften wiederfindest, also einerseits einen unbeugsamen Willen, andererseits aber auch die Fähigkeit hast, deine Motivationen und Ziele zu hinterfragen, dann spricht das schon einmal sehr dafür, dass dein Seelenbegleiter die Ziege ist. Solltest du hingegen eher das Gefühl haben, etwas zwar mit aller Macht zu wollen, ohne jedoch auf die Idee zu kommen, dich und deine Empfindungen kritisch zu überprüfen – dann steht dir wahrscheinlich ein anderes Krafttier zur Seite.

Mit der Willenskraft ist natürlich auch die Zielstrebigkeit verbunden. Die Ziege hält beharrlich an den Vorhaben fest, die sie für gut befindet. Auch das ist wieder eine Eigenschaft, die für sich allein noch nicht unbedingt positiv sein muss – doch die Ziege ergänzt diese erst einmal neutrale Eigenschaft durch andere Qualitäten, welche die Zielstrebigkeit klar positiv besetzen. In erster Linie ist das die Fähigkeit, Unwesentliches loszulassen. Die Zielstrebigkeit steht also bei aller Stärke unter dem Vorbehalt, dass sie dem kritischen Blick standhält und dass du ein Ziel auch aufgeben kannst, wenn es sich als nicht förderlich für deine Entwicklung erweist. Hinzu kommt noch die charakteristische Eigenschaft der Ziege, auch unter schwierigsten Umständen das Gleichgewicht bewahren zu können. Das ist überaus charakteristisch für dieses Krafttier. Solltest du also leicht aus dem Gleichgewicht zu bringen sein und auf deinem Lebensweg immer wieder ins Stolpern geraten, so spricht das dafür, dass du wohl doch einen anderen Begleiter hast. Dennoch kann die Ziege dann möglicherweise das ideale Helfer-Krafttier für dich sein.

Schließlich muss noch eine Eigenschaft der Ziege erwähnt werden, die sich mitunter als lebensrettend erweist: ihre völlige Angstfreiheit. Wenn dein Krafttier die Ziege ist und du auch nur ein wenig Kontakt zu ihr pflegst, dann hast du anderen gegenüber einen entscheidenden Vorteil: Du wirst kaum jemals von Ängsten geleitet.

Auch die Ziege hat natürlich ihren eigenen Kraftmonat, und zwar den Februar. Wer ein Sommer-Krafttier hat, aber auch wessen Kraftmonate im Frühling oder Herbst liegen, dem oder der fällt es oft schwer, sich vorzustellen, dass man gerade im Februar über das höchste Maß an Lebenskraft verfügen kann. Bei Menschen, deren Seelenbegleiter die Ziege ist, trifft das aber tatsächlich zu. Sicher, der Februar ist vielleicht kalt und ungemütlich – aber man kann sich ja innerlich und äußerlich wärmen, die Kälte sogar genießen und sich freuen, dass die Tage nun wieder spürbar länger werden.

Haupteigenschaften der Ziege

- Zielstrebigkeit
- Willenskraft
- Angstfreiheit bei Schwierigkeiten
- Bewahren des Gleichgewichts

- Kritischer Blick
- Loslassen des Unwesentlichen
- Beharrungsvermögen

Wenn du eine »Ziege« bist ...

... dann fällt es dir leichter als den meisten anderen, deine Ziele durchzusetzen. Manche halten dich deshalb einfach für stur – aber das trifft es nicht. Jedenfalls stimmt es in dem Moment nicht mehr, in dem du eine Verbindung zu deinem Krafttier aufgenommen hast, und sei es auch nur eine schwache. Das Krafttier ist ja immer »nur« ein Teil des Ganzen. Auch deine Erziehung und deine Lebenskrisen haben deine Gedanken, Gefühle und Handlungsweisen über viele Jahre geformt. Und das leider oft auf eine negative oder zumindest nicht gerade optimale Weise. Vielleicht leidest du dann darunter, dass dein Kontakt nach innen abgebrochen ist. Wenn du nun aber weißt, dass du die Ziege als Seelenbegleiter hast, wird es einfacher für dich, alte Muster zu durchbrechen und wieder zu dir zu finden.

Die Ziege verleiht dir die Fähigkeit, nicht nur deine Mitmenschen, sondern auch dich selbst mit gesunder, produktiver Kritik zu betrachten. Zugleich ermöglicht sie es dir, das, was in deinem Leben unwesentlich oder behindernd ist, hinter dir zu lassen, was schon einmal ein gewaltiger Vorteil ist.

Deine wichtigsten spirituellen Aufgaben im Leben hängen allesamt damit zusammen, sämtliche Blockaden aus deinen belastenden Erfahrungen und früheren Verletzungen systematisch aus dem Weg zu räumen, sodass dein Krafttier sich in deiner Seele frei entfalten kann.

Die Ziege setzt sich oft durch, auch wenn die Erziehung die »Sturheit« und den starken Willen zu unterdrücken versucht. Gerade bei Kindern, welche die Ziege als Seelenbegleiter haben, zeigt sich die Willenskraft besonders vehement. Und während ein starker, positiver Wille bei Erwachsenen meist als eine wertvolle Kraft angesehen wird, ist das bei Kindern anders. Natürlich können entschlossene Kinder für die Eltern ganz schön anstrengend sein. Wenn der Nachwuchs sich etwas in den Kopf gesetzt hat, die Eltern aber eine andere Richtung einschlagen wollen, gibt es viele Kämpfe. Das Kind ist dabei in der Regel der schwächere Teil – physisch sowieso, aber auch seelisch ist es ja von seinen Eltern in jeder Hinsicht abhängig. Daher gelingt es Eltern auch meist, den Willen ihres »Ziegen-Kindes« zu brechen. In der Folge wird es seinen Seelenbegleiter tief im Unterbewusstsein verstecken und nicht mehr auf dessen Energien zurückgreifen können. Das ist natürlich ein großer Verlust für das ganze weitere Leben.

Wenn du herausgefunden hast, dass die Ziege dein Seelenbegleiter ist, solltest du den Kontakt zu deinem Krafttier schnell wieder aufbauen – erst recht, wenn du bisher nur wenige der positiven Eigenschaften der Ziege entwickeln konntest. Die gute Nachricht: Sobald du auch nur ein Mindestmaß an Kontakt hergestellt hast, wird alles viel, viel einfacher, da die Ziege sich sehr machtvoll durchsetzen wird.

Wenn du mit dem Seelenbegleiter Ziege arbeitest, musst du eigentlich »nur« das Unwesentliche dahinziehen lassen. Dann kannst du deinem Krafttier die Führung übergeben, das heißt auf Signale aus deinem Unterbewusstsein vertrauen.

Eine Sache muss ich allerdings noch erwähnen, die für »Ziegen« besonders wichtig ist: Empathie. Da die Ziege ihre Ziele mit aller Kraft verfolgt, kann es geschehen, dass dabei die Mitmenschen ein wenig aus dem Blickfeld geraten – und das wird irgendwann unschöne Folgen haben. Wenn du das Gefühl hast, dass du ein wenig zu egozentrisch wirst, solltest du deiner inneren Führung zutiefst vertrauen: Die Seelenführerin Ziege treibt dich ein wenig an, auf deine Ziele kraftvoll zuzugehen. Auch wenn es scheint, dass sie daher ein wenig schuld daran ist, wenn du zu egoistisch vorgehst, verfügt sie aber durchaus über empathische Fähigkeiten. Doch erst wenn du dich ganz für die Energie deines Krafttiers geöffnet hast, wirst du auch in Verbindung mit der empathischen Qualität der Ziege kommen. Und dann wird es dir leichtfallen, in jedem Augenblick dein harmonisches Gleichgewicht zu bewahren.

Die wichtigsten Lebensaufgaben der Ziege

- Lass das Unwesentliche los.
- Verfolge deine Ziele unter Einsatz deiner Willenskraft, doch vermeide Sturheit dabei.

- Füge deiner Kritikfähigkeit eine gute Portion Empathie hinzu, und bewahre so das Gleichgewicht.
- Betrachte dich selbst kritisch, aber mit Selbstmitgefühl.

Wie die Verbindung zur Ziege dir helfen kann

Die Ziege kann natürlich auch alle unterstützen, die sie nicht als Seelenbegleiter seit ihrer Geburt haben. Immer dann, wenn es darum geht, kraftvoll auf seine Ziele zuzugehen, ist die Ziege ein wunderbares Helfertier. (Wie du Kontakt zu einem Krafttier aufnimmst, erfährst du ab Seite 231.)

Die Hilfe der Ziege beim Verfolgen deiner Ziele geht über die bloße Stärkung deiner Willenskraft hinaus. Allein das ist ja schon wertvoll, doch die Ziege unterstützt dich auf allen Ebenen deiner Persönlichkeit – auch auf der unterbewussten. Sie ermuntert dich dazu, deine wahren Ziele, deine Herzensziele zu verfolgen. Sie fördert dich darin, deine Ziele mit der notwendigen Skepsis und einem Gefühl für das rechte Gleichgewicht anzugehen.

Eine gute Balance ist überhaupt etwas, was dir in Lebenskrisen sehr zugutekommen kann. Die Ziege behütet dich davor abzustürzen und bestärkt dich darin, auch in sehr schwierigen Zeiten zumindest so viel Ausgeglichenheit zu bewahren, dass du nicht den Boden unter den Füßen verlierst.

Einige Menschen können ganz besonders von der Kraft der Ziege profitieren, nämlich alle, deren Leben von Ängsten und Sorgen bestimmt wird. Das Krafttier Ziege ist angstfrei. Und es hilft dir dabei, deine Ängste zu überwinden.

Helferfunktionen der Ziege

- Bestärkt dich darin, kraftvoll auf dein Ziel zuzugehen.
- Hilft dir, dein Gleichgewicht in schwierigen Zeiten zu bewahren.
- Unterstützt dich dabei, Ängste zu überwinden.

Affirmationen für die Ziege

Um die Ziegenenergie in dir zu wecken und eine Verbindung zu diesem starken Krafttier aufzunehmen, sind Affirmationen eine gute Möglichkeit. Die Worte, die du bei einer Affirmation sprichst, entfalten ihre Wirkung in deinem Unterbewusstsein – das heißt, es sind nicht die konkreten Worte, sondern die Gefühle, die du mit diesen Worten verbindest, die das Unterbewusstsein erreichen.

Besonders gut wirken Affirmationen dann, wenn du sie im Rahmen eines kleinen Rituals durchführst:

- Setz dich hin, und schließe die Augen.
- Stell dir eine starke, kampfbereite Ziege vor, die an deiner Seite steht und über dich wacht.
- Wiederhole die Affirmation, bis du das Gefühl hast, dass die Ziege zufrieden ist.

Affirmationen:

- Mein Wille führt mich zu meinen Zielen, Schwierigkeiten überwinde ich mit Leichtigkeit.
- Meine Stärke ist die liebevolle Kritikfähigkeit.
- Ich lasse das Unwesentliche los und bewahre das Gleichgewicht.

Die drei Ziegen

Es waren einmal drei Ziegenböcke, die waren Brüder und lebten in einem kleinen Tal im großen Gebirge. Obwohl Brüder, unterschieden sie sich doch sehr voneinander. Der jüngste Bruder, Aki, war klein, mutig und flink, Dagur, der mittlere, dick und frohsinnig, und Helgi, der älteste Bruder, war am stärksten und streitlustigsten.

Den Frühling und den Frühsommer über ging es den dreien gut – es gab Gras und Kräuter in Überfülle, so viel, dass sogar Dagur immer satt wurde. Doch der Sommer war heiß, und die drei Brüder hatten einen guten Appetit. Allmählich wurde das Gras trocken, und die guten Kräuter wurden knapp. Sie wussten wohl, dass es im Herbst nicht besser würde – im Winter würden die Berge mit Schnee bedeckt sein, und Gras gab es dann nirgendwo. Daher entschlossen sich die drei, ihr kleines Tal zu verlassen und in das nächste, tiefer gelegene zu ziehen, wo das Gras noch fetter und reichlicher war.

Und so liefen sie den schmalen Bergpfad entlang über den Pass bis an den reißenden Fluss. Der Fluss hatte eine tiefe

Klamm in den Felsen geschnitten, und über die Klamm führte eine lange hölzerne und ziemlich wackelige Brücke. Jenseits der Brücke sahen sie schon das andere Tal, wo das grünste und saftigste Gras lockte. Nur war die Brücke wirklich sehr lang, sehr schmal und sehr wackelig.

»Lasst mich zuerst gehen, Brüder!«, sagte Aki, die jüngste Ziege. »Ich bin der Kleinste und Schnellste. Ich werde mal sehen, ob die Brücke auch sicher ist.«

»Gut so!«, antworteten seine Brüder, und Aki machte sich auf, die Brücke zu überqueren. Als er die Mitte der Brücke erreichte, hörte er unter der Brücke eine donnernde Stimme.

»Wer wagt es, über meine Brücke zu gehen, ohne mir Tribut zu zahlen?«, dröhnte die Stimme.

Aki blieb stehen und blickte furchtlos in die Tiefe. Da hockte ein grauer und grausiger Troll. Er dachte einen Moment nach und antwortete: »Hallo, du Troll. Ich bin Aki. Du hast die Brücke nicht erbaut, und so zahl ich auch keinen Tribut an dich.«

»Du Wicht!«, schrie der Troll. »Du hast mich aus meinem Schlummer aufgeweckt! Und jetzt bin ich hungrig und werde dich fressen!«

»Ach was?«, rief Aki höhnisch. »Das ist aber unhöflich!« Da der Troll jedoch wirklich groß und übel gelaunt war, lief er, so schnell ihn seine Beine trugen, über die Brücke und war auf der anderen Seite, bevor der Troll ihn packen konnte.

Seine Brüder hatten das mit angesehen, und es graute ihnen ein wenig; aber sie waren mutige Ziegenböcke und ließen sich so schnell nicht einschüchtern. Helgi, der leicht reizbar war, wollte schon los, doch da sprach sein Bruder: »Lass mich als Nächsten gehen! Ich will den Troll ein wenig ärgern. Außerdem bin ich dicker als du. Wenn ich die Brücke überqueren kann, ist sie auch für dich sicher!«

»Na gut«, sagte der älteste Bruder. Also lief Dagur los.

Kaum war er in der Mitte der Brücke, meldete sich auch schon der Troll mit seiner Donnerstimme: »Wer ist denn da? Wer wagt es, über meine Brücke zu gehen, ohne mir Tribut zu zahlen?«

Dagur dachte einen Moment nach und antwortete: »Ich bin es, Dagur der Dicke. Einen Tribut zahl ich dir nicht. Und wenn du mich fressen willst, wirst du dir den Magen verderben, denn ich bin ganz und gar aus Holz und Blütenhonig.« Er wusste nämlich, dass Trolle Honig und Blüten verabscheuen.

Und in der Tat zögerte der Troll. Doch schließlich grollte er: »Es ist mir ist egal, wer du bist! Du gehst über meine Brücke, ohne Zoll zu zahlen, also werde ich dich erst fressen und dann wieder ausspucken.« Doch als er das gesagt hatte, war Dagur schon längst auf der anderen Seite angelangt, und der Troll grummelte und donnerte vergebens.

Nun wollte auch Helgi endlich hinüber auf die andere Seite und in das grüne Tal mit dem saftigen Gras. Er war schon sehr ärgerlich und wartete nur darauf, dass der Troll käme. Und da musste er nicht lange warten. Als er die Mitte der Brücke erreicht hatte, donnerte es wiederum von unten: »Wer ist da? Wer wagt es, über meine Brücke zu gehen, ohne mir Tribut zu zahlen?«

»Ich bin's, Helgi!«, rief dieser. »Und einen Tribut zahl ich dir, wenn du dich hervorwagst.«

Da sprang der Troll hoch auf die Brücke. Er hatte Hände groß wie Teller und Füße wie Mühlsteine. Der Troll brüllte, dass der Felsen wackelte und die Brücke bedenklich zu schaukeln begann.

»Du Ziegenwicht, jetzt fress ich dich!«, donnerte er.

Doch da war er an die falsche Ziege geraten. Helgi stampfte mit den Füßen, senkte seine Hörner und traf den Troll einmal, zweimal, dreimal. Und beim dritten Mal stieß er den Troll von der Brücke, hinab in die Klamm, wo er zerschellte und die Trollstücke allesamt vom reißenden Fluss fortgetragen wurden.

Helgi ging nun gemächlich über die Brücke und ließ sich von seinen Brüdern beglückwünschen. Dann marschierten die drei Ziegen hinab ins grüne, grüne Tal und aßen erst einmal ausgiebig und lachten über ihr kleines Abenteuer mit dem Troll, der nie wieder die Brücke unsicher machen würde.

Die Schlange

Obwohl in Nordeuropa nur wenige Schlangen vorkommen, ist die Angst vor ihnen sehr verbreitet. Eigentlich gibt es nur zwei nordeuropäische Schlangen: die ungiftige Ringelnatter und die Kreuzotter. Letztere ist am weitesten in den Norden vorgedrungen und selbst im hohen Norden Skandinaviens überall zu finden, sogar jenseits des Polarkreises. Nun ist ihr Biss zwar giftig, aber erstens handelt es sich bei der Kreuzotter um ein sehr scheues Tier, und sie beißt nur, wenn man sie packt oder auf sie tritt. Zweitens ist der Biss in der Regel nicht sehr gefährlich – manchmal merken Menschen, die gebissen wurden, sogar überhaupt nichts davon. Nur Kinder, Kranke und Alte können ernstere Beschwerden davontragen. Denn obwohl das Gift der Kreuzotter dreimal so giftig ist wie das der Klapperschlange, injiziert sie bei einem Biss nur eine sehr kleine Menge davon.

Das Besondere an der Schlange ist, dass sie lebenslang wächst – und dass sie sich regelmäßig vollständig häuten muss, da die Haut nicht mitwächst. Daher steht die Schlange als Krafttier für Erneuerung.

Schlangen haben Sinne, die erstaunlich sind: Mit der gespaltenen Zunge können sie Gerüche räumlich wahrnehmen, und sie haben Sinnesorgane, die Temperaturunterschiede von weniger als einem tausendstel Grad Celsius registrieren können. Sehen und hören können Schlangen hingegen wenig oder gar nicht. Sie leben also ganz wörtlich in einer anderen Welt.

Die Schlange in der Mythologie

Ein so außergewöhnliches Tier wie die Schlange findet sich natürlich auch in beinah jeder Mythologie. Wir kennen die Schlange meist aus der Schöpfungsgeschichte der Bibel, der zufolge sie Adam und Eva davon überzeugt, vom Baum der Erkenntnis zu kosten – mit der Folge, dass sie aus dem Paradies vertrieben werden. In der christlichen Mythologie steht die Schlange also seit jeher für das Böse.

Das war aber in den meisten Kulturen anders, und die Schlange wurde eher verehrt als verachtet. So ist bis heute der von einer Schlange umwundene Stab des griechischen Gottes der Medizin und der Heilung, Asklepios, das Symbol der Ärzte und Apotheker.

Bei den Germanen spielte die Schlange eine wichtige Rolle: Sie war die Welten- oder Midgardschlange (altnordisch Miðgarðsormr), welche die Welt umspannt. Sie lebte dem Mythos nach im Urozean.

Bei den vorchristlichen Balten wurden Schlangen sehr geschätzt. Vor allem die Ringelnatter galt als ausgesprochene Glücksbringerin. Sie wurde mit Milch und Eiern gefüttert, und wenn eine Ringelnatter sich im Haus niederließ, war das ein glückliches Omen.

Bei den Kelten war die Schlange das Symbol für den Kreislauf von Leben und Tod – und durch ihre ständige Selbsterneuerung, das Abstreifen der alten Haut, stand sie auch für die Wiedergeburt. Als Fruchtbarkeitssymbol war sie mit dem Hirschgott Cernunnos in Verbindung.

Woran erkennst du, dass du eine »Schlange« bist?

Was empfindest du als Erstes, wenn du an eine Schlange denkst? Gruselt oder ekelt es dich? Oder fürchtest du dich schon bei der Vorstellung, eine Schlange könnte in der Nähe sein? Dann bist du nicht allein. Die Angst vor Schlangen (fachsprachlich Ophidiophobie) ist ziemlich weit verbreitet, und Forscher meinen inzwischen, dass eine gewisse Angst vor Schlangen in unseren Genen liegt. Doch die muss nicht immer gleich so schlimm sein wie bei dem Schriftsteller Tété-Michel Kpomassie aus Togo, der durch Familientradition zum Schlangenkultpriester bestimmt war, woraufhin er nach Grönland auswanderte, dem einzigen Land, wo es keine Schlangen gibt.

Gerade weil die Angst vor Schlangen so weit verbreitet ist, kannst du die fehlende Furcht vor ihnen als einen guten Hinweis darauf verstehen, dass dieses Krafttier dein Seelenbegleiter sein könnte. Aber eine geringe Angst vor Schlangen schließt das auch nicht aus.

Als jemand, dessen Geburts-Krafttier die Schlange ist, fällt es dir leicht, andere zu überzeugen. Du hast gute, originelle Ideen, deine Gedankenabläufe sind schneller als bei den meisten Menschen, du bist flexibel im Denken und hast keine Angst davor, dich zu verändern und, wenn es an der Zeit ist, deine »alte Haut« abzustreifen. Erkennst du dich in dieser Beschreibung ein wenig wieder? Das ist ein guter Hinweis auf dein Geburts-Krafttier.

Und dann wäre da noch der Kraftmonat, der ja auch immer ein Indiz ist. Als Kraftmonat der Schlange gilt der Mai. Der Frühling geht nun in den Sommer über, und du spürst deine Lebensenergie sprudeln. Vielleicht hast du zu dieser Zeit das Gefühl, das sei nun der richtige Moment, dich ganz zu erneuern und einen neuen Lebensabschnitt zu beginnen.

Zugegeben, das trifft auf viele Menschen zu, auch auf solche, die einen anderen Seelenbegleiter haben. Die meisten von uns spüren wohl einen Energieschub, wenn der Sommer naht. Das ist ja ganz natürlich. Doch wenn das Gefühl bei dir sehr ausgeprägt ist und zudem eins der oben genannten Kriterien auf dich zutrifft, ist es doch recht wahrscheinlich, dass die Schlange dein Seelenbegleiter ist.

Da dieses Tier mit so vielen Vorurteilen behaftet ist, lass mich gleich hier sagen: Es ist sehr wertvoll und hilfreich, wenn die Schlange dein Seelenbegleiter ist, denn aus spiritueller Sicht gilt sie als ein überaus machtvolles Krafttier. Die negativen Attribute sind vor allem durch das Christentum auf dieses wundervolle Geschöpf projiziert worden. Leider. Also: keine Angst vor Schlangen – zumindest nicht als Krafttier!

Haupteigenschaften der Schlange

- Beweglichkeit
- Schnelligkeit
- Schöpfungskraft
- Verständnis für den Kreislauf von Leben und Tod
- Erneuerung und Wachstum
- Heilung von Geistesgiften
- Überzeugungskraft

Wenn du eine »Schlange« bist ...

... hast du ein sehr mächtiges Krafttier an deiner Seite. Bist du mit ihm verbunden, profitierst du von einer großen Beweglichkeit und Schnelligkeit der Gedanken bei allen geistigen Aufgaben oder auch bei Herausforderungen, die ein rasches Auffassungsvermögen und schnelle Reaktionen erfordern. Du verwirklichst diesen Aspekt der Schlange, wenn du bewusst darauf achtest, aufmerksam, flexibel und beweglich in allem zu sein, was du tust.

Als jemand, dessen Seelenbegleiter die Schlange ist, wirst du wahrscheinlich spüren, dass du eine Ader für kreatives Tun hast. »Kreativ« heißt nicht unbedingt »künstlerisch«; auch im Alltag kannst du schöpferisch sein. Kreativ sein bedeutet einfach, etwas auf neue, originelle Art und Weise zu tun. Flexibilität und Kreativität sind eng miteinander verbunden. Um kreativ zu sein, muss man eine gewisse geistige

Flexibilität haben – und geistig flexibel zu sein heißt immer auch, bis zu einem gewissen Grad kreativ zu sein.

Die Verbindung zur Schlange legt dir ein wichtiges Lebensziel nahe, nämlich dass du dich der natürlichen Angst vor deiner eigenen Endlichkeit stellst. Das wird dir nur gelingen, wenn du Verständnis für den Kreislauf von Leben und Tod entwickelst, wie es das Krafttier »Schlange« repräsentiert. Natürlich solltest du dich nicht auf eine negative, morbide Art und Weise mit dem Thema »Endlichkeit« beschäftigen. Es geht ist ja nicht darum, Angst vor dem Tod zu entwickeln, sondern im Gegenteil darum, dich ein für alle Mal von deiner Urangst zu befreien.

Eine Stärke der Schlange besteht in ihrer Fähigkeit, sich im Wachsen zu erneuern. Nimm dieses Angebot deines Seelenbegleiters an, und finde deine Lebenszufriedenheit in dem Bemühen, seelisch zu wachsen. Das ist eine wichtige spirituelle Lebensaufgabe.

Der innere Kontakt zur Schlange erleichtert dir etwas, was den meisten Menschen außerordentlich schwerfällt – dich nämlich von den Geistesgiften zu befreien. Hass, Gier und Unwissenheit sind diese drei negativen Kräfte, die dein Denken, deine Gefühle und dein Handeln vergiften.

Mit »Unwissenheit« ist nicht ein Defizit an Faktenwissen gemeint, sondern die mangelnde Einsicht in die Zusammenhänge. Schon in der biblischen Geschichte ist die Schlange das Böse – weil sie das Geistwesen ist, das Eva Erkenntnis und Befreiung von der Unwissenheit schenkt. Im Gegensatz zur Bibel wird aber die Befreiung von der Unwissenheit in der Realität nicht bestraft. Im Gegenteil.

Noch wichtiger vielleicht ist, dass du dich von jeglichem Hass und – am wichtigsten – sämtlicher Gier befreist. Das ist für jeden von uns von Belang. Wenn aber die Schlange dein Krafttier ist, hast du eine besonders machtvolle Unterstützung darin, dich von diesen geistigen Giften zu reinigen. Nutze diese Chance!

Die wichtigsten Lebensaufgaben der Schlange

- Stell dich der Angst vor der Endlichkeit.
- Kultiviere deine Fähigkeit, andere zu überzeugen, und erreiche so deine Ziele.
- Bleib beweglich in allem, was du tust.
- Erfinde dich immer wieder neu, und streif deine »alte Haut« ab, wenn sie dich einengt.
- Befreie dich von den Geistesgiften Hass, Gier und Unwissenheit.

Wie die Verbindung zur Schlange dir helfen kann

Auch wenn die Schlange nicht dein persönlicher Seelenbegleiter sein sollte, ist sie doch eine wunderbare Helferin in Lebenskrisen und bei deiner spirituellen Entwicklung. Sobald du die Verbindung zur Schlange als Helfertier aufnimmst, unterstützt sie dich bei essenziellen Lebensaufgaben. (Wie du Kontakt zu einem Krafttier aufnimmst, erfährst du ab Seite 231.)

Die größte Hilfe leistet sie, wenn es darum geht, Hindernisse für die spirituelle Entwicklung aus dem Weg zu räumen: Gier, Hass, Neid, Unzufriedenheit. Das sind die schädlichen Faktoren, die jede Entwicklung behindern, negative Prägungen verstärken und das Leben für dich selbst und andere freudlos und sinnentleert machen.

Die Gier ist dabei wohl das schlimmste Geistesgift, das andere Geistesgifte aktiviert und die Welt vergiftet. Leider wird Gier in unserer materiellen Gesellschaft schon beinah als Tugend angesehen. Gier ist das Verlangen nach dem, was du nicht hast – sie ist die Quelle von Hass, Neid und Unzufriedenheit. Immer mehr, mehr, mehr … Gier nährt sich selbst: Sie wird nie befriedigt. Wenn du das Begehrte erhältst, wird sofort etwas anderes seinen Platz einnehmen, was du haben möchtest – und sei es nur mehr von demselben. Wenn du einen Mangel spürst, wirst du ihn beheben wollen – das ist ja bei natürlichen Bedürfnissen selbstverständlich und ein ganz normaler Überlebensmechanismus. Doch bei »unnatürlichen« Bedürfnissen wird dich jeder Versuch, die vermeintlichen Mängel zu beseitigen, von deinen Herzenszielen und deiner spirituellen Entwicklung ablenken. Angenommen, du beneidest deine Nachbarin, weil sie ein schöneres Haus hat. In dem Fall würde dich der Neid davon ablenken, dass dich in Wahrheit ein anderes, tieferes seelisches Bedürfnis antreibt – beispielsweise der Wunsch nach Anerkennung und Liebe. Aus der Gier entsteht also Neid, und der Neid kann dann leicht zu Hass werden. Man kann ohne Übertreibung sagen, dass die Gier die Wurzel aller Übel ist, welche die Menschheit plagen.

Die Schlange ist ein mächtiges Helfer-Krafttier, das dich dabei unterstützt, deine tieferen Bedürfnisse zu erkennen und nicht in die Gier-Falle zu geraten. Das kann eine gewaltige Veränderung in deinem Leben bewirken. Veränderungen sind aber oft mit Angst besetzt – und auch hier ist die Schlange ein wunderbarer Helfer: Sie erleichtert es dir, alte Gefühls-, Denk- und Verhaltensmuster zu überwinden und dein ganzes wundervolles Potenzial zu verwirklichen.

Helferfunktionen der Schlange

- Erleichtert es dir, Gier, Hass, Neid und Unzufriedenheit zu überwinden.
- Unterstützt dich dabei, andere von deinen Ideen zu überzeugen.
- Macht es dir einfacher, dich zu erneuern und alte Muster abzustreifen.

Affirmationen für die Schlange

Um die Energie der Schlange in dir zu aktivieren und Verbindung zu diesem mächtigen Krafttier aufzunehmen, kannst du Affirmationen verwenden: kurze Sätze, die dein Unterbewusstsein durch die Gefühle ansprechen, die sie in dir auslösen. Es geht also nicht um die konkreten Worte, und du kannst die angebotenen Affirmationen selbstverständlich so umformulieren, dass sie am besten zu dir passen.

Probiere aus, wie die Affirmationen wirken, wenn du sie im Rahmen eines kleinen Rituals einsetzt:

- Setz dich hin, und schließe die Augen.
- Stell dir eine Schlange vor, die dich mit wachen, klugen Augen ansieht und dir zur Seite steht.
- Wiederhole die Affirmation, bis du das Gefühl hast, dass die Schlange zufrieden ist.

Affirmationen:

- Indem ich meine alten Muster ablege, wachse und erneuere ich mich.
- Kreativität ist meine heilende Kraft.
- Ich bleibe beweglich bei allem, was ich tue.

Die goldene Schlange

Ein Bauer sah eines Morgens eine kleine Schlange in seinem Wasserkrug, die konnte sich nicht befreien und drohte zu ertrinken. Da er ein guter Mensch war, hatte er Mitleid mit dem Schlänglein und befreite es aus seiner Not. Da erhob es seinen Kopf und sprach: »Hab Dank, du guter Mensch! Deine Güte soll nicht unbelohnt bleiben, wenn du mir nur vertraust.«

Der Bauer war freilich sehr erstaunt darüber, dass die Schlange sprach, doch er antwortete: »Gute Schlange, ich bedarf keiner Belohnung, doch ich will dir wohl vertrauen.«

»Nun«, sprach die Schlange, »wenn deine Frau schwanger wird, stell ein Schälchen Milch vor die Tür. Dann werde ich kommen, von der Milch trinken und auf dich warten. Wenn du mich wartend findest, nimm mich, und leg mich zu deiner Frau ins Bett.«

Dieses Ansinnen kam dem Bauern recht seltsam und ein wenig unheimlich vor, und er fragte: »Doch du wirst gewisslich meiner Frau nichts antun?«

»Nein«, sprach die Schlange. »Vertraue mir!«

Der Bauer nickte. »Ja, ich will dir wohl vertrauen. Doch meine Frau ist zu alt, wir werden wohl kinderlos bleiben.«

Da sagte die Schlange: »Gib ihr von dem Wasser zu trinken, aus dem du mich gerettet hast.« Und damit schlängelte sie sich davon.

Wie man wohl leicht begreifen kann, zweifelte der Bauer ein wenig. Doch er hatte gesagt, dass er der Schlange vertrauen würde, und so tat er, wie sie ihm geraten hatte. Und bald ward zum großen Erstaunen der Bauersleute die Frau schwanger.

Nun wollte der Bauer sein Versprechen gegenüber dem Schlänglein erfüllen, doch er fürchtete, dass seine Frau vor Schrecken sterben oder das Kind verlieren würde, wenn er die Schlange in ihr Bett legte. So erzählte er alles seiner Frau. Die sagte: »Du hast es versprochen, Mann. So leg nur das Schlänglein in mein Bett, sie wird mir schon nichts antun.«

Also stellte der Bauer ein Schälchen Milch vor die Tür, und als er nach einer Weile nachsehen kam, war die Schlange da und tat sich an der Milch gütlich. Vorsichtig nahm er die Schlange auf und legt sie zu seiner Frau ins Bett. Nun war der Frau doch ein wenig unheimlich zumute, doch sie sprach: »Gute Schlange, sicher wirst du mir nichts Böses tun.«

Die Schlange wand sich an der Frau empor und streichelte mit ihrer Zunge das Ohr der Bäuerin. Das war dieser sehr angenehm, und bald schlief sie ein. Am nächsten Morgen war die Schlange verschwunden.

Als die Frau nun ihr Kind gebar, war es ein wunderhübsches Mädchen. Um ihren Hals aber war eine kleine, golden schimmernde, beinahe durchsichtige Schlange gewunden. Die Hebamme schrie laut auf, doch die Schlange tat dem kleinen Mädchen nichts, sondern löste sich von ihrem Hals und schlängelte davon – in den Garten.

Das Mädchen war außerordentlich hübsch. Die Bauersleute freuten sich und waren sehr stolz auf ihr Kind. Sie nannten es Orma.

Nach einigen Jahren waren die wunderlichen Vorgänge um Ormas Geburt und die Schlange fast vergessen, und nur dann und wann erzählte der Bauer, wie er das Schlänglein gerettet hatte und Orma geboren wurde. Doch alle, außer der Bäuerin, hielten es für ein altes Märchen.

Als Orma vierzehn Jahre alt war und eines Tages im Garten spielte, da kam eine kleine goldene Schlange zu ihr. Das Mädchen fürchtete sich gar nicht, wie es andere Kinder tun, und das Schlänglein sprach: »Liebe Orma, ich bin deine Schwester, wir wurden am selben Tage von deiner Mutter geboren.«

Da staunte das Mädchen sehr, doch sie freute sich, eine Schwester zu haben.

»Wenn du mir vertraust, wirst du großes Glück erfahren«, sprach die Schlangenschwester.

»Ja«, sagte Orma. »Ich will dir wohl vertrauen.«

»So musst du, wenn dich ein Mann freien will, darauf bestehen, dass deine Schwester zuerst heiraten solle – und wenn dieser Mann einen Mann für mich findet, dann musst du mich ihm vorstellen, bevor du heiratest.«

Da wurde das Mädchen ein wenig traurig, denn wer würde schon eine Schlange heiraten? Und wenn niemand ihre Schwester heiraten würde, könnte auch sie nicht heiraten. Doch sie beschloss, ihrer Schwester zu vertrauen, und versprach ihr, was sie sich gewünscht hatte.

Da jubelte das Schlänglein. »Liebste Schwester, für dein Vertrauen möchte ich dir ein Geschenk machen. Hol rasch einen Waschzuber mit Milch!« Das Mädchen tat es. Da tauchte die Schlange ihr Haupt kurz in die Milch und sagte Orma, sie solle sich nun mit der Milch waschen.

Sie tat, wie ihr geheißen, und obgleich sie schon zuvor eine außerordentlich hübsche Jungfer war, verschwand mit dem Milchbad jeglicher Makel, und sie war wie eine wunderschöne Prinzessin anzusehen. Als sie so vor ihre Eltern trat, staunten diese sehr und erkannten ihre Tochter erst beim zweiten Hinsehen.

Ein Jahr darauf kam Gunvald, ein Edelmann, am Hof des Bauern vorbei; und als er Orma erblickte, war er wie verzaubert von ihrer Schönheit. Und obgleich sie nur ein Bauernmädchen war, hielt er demütig bei ihren Eltern um die Hand ihrer Tochter an. Die hatten nichts dawider, wenn nur Orma auch willens wäre, ihn zu heiraten.

Orma errötete lieblich, als Gunvald sie bat, seine Frau zu werden. Nun fiel ihr ein, was ihre Schlangenschwester ihr aufgetragen hatte. Sie rang ein Weilchen mit sich, wollte sie doch nur allzu gern den hübschen Junker zum Manne nehmen – doch schließlich hielt sie ihr Wort. Gunvald sprach: »Auch mein Bruder sucht eine Frau – wenn sie deine Schwester ist, wird er sie wohl gern nehmen.«

Er ritt davon, seinen Bruder zu holen. Der nun war noch hübscher als er, und überdies war er der Erbe des Königs.

Der Bauerntochter war bange, was nun wohl geschehen würde. Sie ging in den Garten und rief nach ihrer Schwester, der Schlange. Die war sehr erfreut über die gute Nachricht. »Sorge dich nicht, Schwesterlein. Es wird alles gut ausgehen.«

Nach einer Weile kam Gunvald mit seinem Bruder Gustav wieder. Als Gustav Orma sah, war er sogleich zutiefst verliebt. Doch sein Bruder hatte ja um ihre Hand angehalten, und ihm war die Schwester zugedacht. Nun hatten sich die Brüder von Herzen lieb, und Gunvald sah wohl, dass Gustav Orma noch mehr begehrte als er selbst. Und da beschloss er, seinem Bruder den Vortritt zu lassen. Die Schwester, so dachte er, wird ja wohl auch keine Kröte sein. Und er versprach, dass er selbst die Schwester heiraten würde.

Orma wurde etwas bange, doch sie rief nach ihrer Schwester, und die Schlange erschien. Wie man sich wohl denken kann, waren beide Brüder sehr überrascht. Gunvald aber, der zugunsten seines Bruders verzichtet hatte, noch ein wenig mehr. Doch er war ein edler Mensch, liebte seinen Bruder und würde sein Versprechen nicht brechen. Und so sprach er: »Ich habe versprochen, dass ich die Schwester heiraten würde. So werde ich nun das hübsche Schlänglein zur Frau nehmen und sie liebhaben – sodass Gustav eine Frau hat, die mit ihm als Fürstin regieren kann.«

Kaum da er das gesagt hatte, verwandelte sich die Schlange – und nun sah man, dass die beiden Mädchen Zwillingsschwestern waren. Es wäre schwergefallen zu sagen, welche die größere Schönheit war. Und die einstige Schlange sprach: »Gunvald, du wirst deine Wahl nicht bereuen – denn mein Vater ist der König aller Schlangen, und ich bin sein einziges Kind.« Und so waren alle zufrieden, und es wurde eine große Hochzeit gefeiert, wie sie das Land noch nie gesehen hatte.

Sein Versprechen zu halten ist nicht immer leicht – doch Treue wird stets mit Glück belohnt.

Der Rabe

Der Rabe ist sehr anpassungsfähig; er fühlt sich im Dschungel so wohl wie im Gebirge und brütet sowohl auf Bäumen als auch in Felsen und Höhlen. Daher findet man Raben beinah weltweit – außer in Südamerika. Raben sind wahrscheinlich die intelligentesten Vögel. Das ist auch ein Grund für ihre weite Verbreitung. Sie sind anspruchslos, was ihre Ernährung betrifft, und gelangen, weil sie so klug sind, auch an schwer zugängliche Nahrung.

Der Mensch und der Rabe haben eine lange gemeinsame Geschichte. Schon früh begannen die Raben, die Vorteile der Nähe von Menschen zu erkennen – und der Mensch hatte schon seit Urzeiten eine enge Verbindung zu diesem starken Krafttier.

Der Rabe in der Mythologie

In fast allen Kulturen kommt der Rabe in Sagen und Märchen vor. Auffallend oft sind es Götter oder Könige, die Raben als Ratgeber haben.

In der nordischen Mythologie war es Odin, der Göttervater selbst, der zwei Raben als Helfer hatte – Hugin und

Munin, die auf seinen Schultern saßen und ihm Nachrichten über die Vorgänge in der Welt zutrugen. Jeden Morgen flogen sie aus und berichteten Odin nach dem Nachtmahl. Odin ist so eng mit den Raben verbunden, dass man ihn auch Hrafnáss nannte, das heißt »Rabengott«.

Die Namen der beiden Vögel Odins sind vielsagend: Hugin kommt vom altnordischen Wort *huga,* was so viel wie »denken« bedeutet; Munin kommt von *muna* für »gedenken, erinnern«. Sie symbolisieren also Denken und Erinnerung.

Im Lied »Grímnismál« (»Das Lied von Grímnir«, einem Götterlied der Lieder-Edda) spricht Odin:

Hugin und Munin, jeden Tag
müssen sie über die Erde.
Ich sorge mich darum, dass Hugin nicht wiederkehrt,
doch mehr noch sorge ich mich um Munin.

Auch bei den Kelten spielt der Rabe in der Mythologie eine große Rolle. So nimmt die Todesgöttin Morrígan die Gestalt eines Raben an, wenn sie die Seelen der in einer Schlacht gefallenen Krieger holt, um sie in die Nachwelt zu begleiten.

Mit der Christianisierung Europas schlug die Verehrung und Bewunderung der Raben in Misstrauen um. Der Rabe galt fortan als Unglücksvogel, der mit Dämonen und dem Teufel Umgang habe und Unheil ankündige. Doch die Verbindung zum Raben ging nie ganz verloren. Weise und Heilkundige – die mitunter als Hexen und Zauberer verschrien waren – hatten nicht selten Raben als vertraute Begleiter.

Woran erkennst du, dass du ein »Rabe« bist?

Der Rabe ist eines der mächtigsten Krafttiere. Nun ja, eigentlich sind natürlich alle Krafttiere mächtig, und vielleicht bin ich ein wenig voreingenommen, da der Rabe mein Seelenbegleiter ist – doch zweifellos hat dieses Krafttier ganz besondere Fähigkeiten und wunderbare Eigenschaften.

Wie kannst du nun feststellen, ob der Rabe dein Geburts-Krafttier ist? Ich glaube, eines der eindeutigsten Merkmale ist, wenn du dich als Lehrer berufen fühlst. Die Lust, Wissen weiterzugeben, ist wahrscheinlich das deutlichste Anzeichen dafür, dass der Rabe dein Seelenbegleiter ist. Wenn dann auch noch der Kraftmonat (siehe unten) passt, bist du mit großer Wahrscheinlichkeit ein »Rabe«.

Es gibt natürlich auch noch weitere Hinweise, die auf den Raben als Krafttier hindeuten: Bist du jemand, der eine spirituelle Verbindung zum Universum spürt, der mit dem Begriff »Magie« außerhalb von Harry Potter oder Zaubertricks etwas anfangen kann? Hast du oft ein so gutes Gefühl für das, was in der Zukunft passieren wird, dass deine Vermutungen schon »Weissagungen« gleichen? All das sind Eigenschaften und Fähigkeiten, die mit dem Raben als Seelenbegleiter zusammenhängen können.

Als Seelenbegleiter hilft der Rabe zudem, Selbstzweifel zu überwinden und Ängste aufzulösen. Gleichzeitig verhindert er Selbsttäuschung. Das ist besonders für Menschen wichtig, die so sehr von dem Wunsch besessen sind, außergewöhnliche oder übersinnliche Fähigkeiten zu besitzen, dass sie dabei die Realität aus den Augen verlieren.

Falls du durchaus skeptisch bist, es dir aber gleichzeitig gelingt, Selbstzweifel in einem gesunden Bereich zu halten, spricht auch das dafür, dass der Rabe dein Seelenbegleiter ist. Als »Rabe« wirst du außerdem selten von Ängsten geplagt.

Es gibt natürlich auch einige Hinweise, die dir zeigen, dass der Rabe wohl eher nicht dein Seelenbegleiter ist, zum Beispiel wenn du überhaupt keinen Drang spürst, andere zu lehren. Oder wenn du existenzielle Ängste hast und an das »Übernatürliche« glaubst, um diese Ängste in den Griff zu bekommen – wobei es oft gerade das vermeintlich »Übernatürliche« ist, das diese Ängste erst auslöst. Und auch wenn du die dunkle, kalte Zeit des Jahres verabscheust, ist wohl mit ziemlicher Sicherheit ein anderes Krafttier als der Rabe dein Seelenbegleiter.

Der Kraftmonat des Raben ist der Dezember. Zur Wintersonnwende werden die Tage länger, das Licht kommt wieder. Auch im übertragenen Sinn ist dies eine Zeit, die eine Neugeburt und »Erleuchtung« bringt. Mit der Wintersonnwende beginnen die »Raunächte«. In der christlichen Tradition beginnen sie allerdings erst mit Weihnachten.

Die Raunächte, das ist die »Zeit zwischen den Jahren« – und in gewisser Weise sogar zwischen den Welten. In dieser Zeit, die von der Wintersonnwende bis in die erste Woche des neuen Jahres reicht, berühren sich die »normale« Welt und die »Anderswelt«. Die Raunächte sind die beste Zeit, sich einige sehr wesentliche Fragen zu stellen und darauf vor allem auch Antworten zu erhalten. Diese Fragen lauten etwa: »Was ist mein Weg?«, »Warum bin ich hier?«, »Welche Lebensaufgabe habe ich?«, »Was wird mir die Zukunft bringen?« oder »Wie wirken sich meine Entscheidungen auf das Erreichen meiner Herzensziele aus?«

Wenn du zu dieser Zeit den Zauber und die spirituelle Kraft der Stille erkennst und genießt, dann bist du sehr wahrscheinlich ein typischer »Rabe-Mensch« und hast den Raben als Seelenbegleiter.

Haupteigenschaften des Raben

- Klugheit
- Spiritualität
- Magie
- Eignung zum Lehrer
- Überwindung von Zweifeln
- Sensibilität
- Auflösung von Ängsten
- Weissagung

Wenn du ein »Rabe« bist ...

... dann spürst du eine starke Verbindung zum Universum. Das ist natürlich großartig. Doch noch besser ist es, wenn du diesem Gefühl auch nachgehst. Das Gefühl ist nur der Ausgangspunkt, aber wenn du dich auf meditative Weise mit dem Unbekannten, dem nahezu Unfassbaren und Erstaunlichen, beschäftigst, wird nicht nur dein Verständnis, sondern auch dein Gefühl tiefer und umfassender werden.

Der Rabe mit seiner Klugheit, Sensibilität und seinem Verständnis für alles Spirituelle wird dich dabei unterstützen und dich zu einem sinnerfüllten Leben führen.

Eine konkrete Lebensaufgabe, die damit einhergeht, dass der Rabe dein Seelenbegleiter ist, besteht darin, nicht einfach in deinen Gefühlen und Erkenntnissen zu schwelgen, sondern dein Faktenwissen und dein spirituelles Wissen auch an andere weiterzugeben. Je stärker die Verbindung mit deinem Krafttier ist, desto mehr wirst du spüren, dass Lehren etwas ganz Wichtiges für dich ist, etwas, woran du wächst und worin du Sinn findest. Vielleicht weißt du im Grunde, dass der Rabe dein Seelenbegleiter ist – und dennoch spürst du nicht die Berufung, Wissen zu vermitteln? Dann ist es wichtig nachzuforschen, was diesen Aspekt deines Krafttiers blockiert. Oft sind das Selbstzweifel, welche die Reaktion auf deine Erziehung oder spätere Lebenserfahrungen sind. Mithilfe des Raben kannst du diese Zweifel nun jedoch überwinden – denn das Auflösen von Zweifeln und Ängsten ist ja eine weitere Stärke des Raben. Vertraue nur deiner inneren Führung durch dein Krafttier; es wird dich nicht in die Irre leiten.

Menschen, deren Seelenbegleiter der Rabe ist, sind nicht selten verwirrt, wenn sie Dinge wahrnehmen, die andere nicht spüren können. Dazu gehört auch das Gespür für das, was in der Zukunft geschehen wird. Wenn du oft Déjà-vu-Erlebnisse hast – also den Eindruck, Gegenwärtiges schon einmal erlebt zu haben – oder in Träumen Ereignisse siehst, die dann auch in der Wirklichkeit eintreffen, kann das manchmal Zweifel oder sogar Ängste auslösen. Ähnlich verhält es sich mit »magischen« Ereignissen, beispielsweise dass du etwas willst und es dann unerklärlicherweise auch geschieht.

Solche Dinge erleben Menschen, die den Raben als Seelenbegleiter haben, immer wieder. Ist der Rabe dein Krafttier, werden dann oft Zweifel auftreten, denn die Klugheit des Raben gründet darauf, dass er Herz und Verstand vereint. Skepsis ist also durchaus angebracht; man kann sich bei »übernatürlichen« Vorgängen nämlich leicht selbst täuschen. Der Rabe aber ist klug und nicht so leicht in die Irre zu führen – und natürlich unterliegt er kaum je Selbsttäuschungen.

Wenn du statt Zweifel jedoch richtiggehende Ängste verspürst, sobald du etwas Ungewöhnliches erlebst, dann ist das auf jeden Fall etwas, was du aufarbeiten solltest. Dann hast du Erfahrungen gemacht, die dich jetzt blockieren. Denn diese Ängste sind unnötig und unsinnig. Vertraue deinem Herzen und deinem Verstand sowie der Führung deines Seelenbegleiters, dann wirst du den richtigen Weg zu einem erfüllten Leben finden.

Die wichtigsten Lebensaufgaben des Raben

- Höre auf deinen Verstand *und* dein Herz.
- Nutze deine Klugheit, um andere zu lehren.
- Vertraue deinem Gefühl für die Zukunft.
- Zweifle auch an deinen Zweifeln.

- Beschäftige dich mit dem Unbegreiflichen, und vertraue auf deine Spiritualität.
- Vertraue deiner inneren Führung, um deine Ängste zu überwinden.

Wie die Verbindung zum Raben dir helfen kann

Der Rabe ist in mancherlei Situationen ein großartiger Helfer, zu dem du Verbindung aufnehmen kannst, auch wenn er nicht dein Geburts-Krafttier ist. (Wie du Kontakt zu einem Krafttier aufnimmst, erfährst du ab Seite 231.)

Natürlich ist der Rabe das ideale Helfer-Krafttier für dich, wenn du pädagogisch arbeitest. Lehrer oder Lehrerin zu sein bringt viele Herausforderungen mit sich. Es reicht nicht, selbst über Wissen zu verfügen – ja nicht einmal, das Wissen zu übermitteln. Tatsächlich geht das ja auch gar nicht. Die zentrale Aufgabe des Lehrens besteht vielmehr darin, die Wissbegierde in den Schülern zu entfachen. Und das ist alles andere als einfach. Doch der Rabe als Krafttier kann dich dabei ganz wunderbar unterstützen.

Und er hilft auch, Ängste zu überwinden. Das betrifft natürlich nicht nur Lehrende, sondern jeden Menschen. Angst ist nie ein guter Ratgeber, und sie macht das Leben schwer. Welche Befreiung ist es doch, Ängste loslassen zu können!

Auch wenn es darum geht, nach Weisheit zu suchen, Magie einzusetzen oder zukünftige Ereignisse vorherzusehen, ist der Rabe das Krafttier der Wahl. Er wird dir auch helfen, den besten Weg für dich zu finden, wann immer du unsicher bist, ob du deinem Gefühl vertrauen kannst.

Helferfunktionen des Raben

- Hilft dir auf deinem spirituellen Weg weiter und nimmt dir Zweifel.
- Erleichtert es, Herz und Verstand in Einklang zu bringen.
- Gibt dir Vertrauen in die Zukunft.

Affirmationen für den Raben

Wenn du die Rabenenergie in dir wecken willst, können dir Affirmationen helfen. Die Affirmationen wirken vor allem in deinem Unterbewusstsein. Nicht die Worte selbst, sondern die Gefühle, die du damit verbindest, sind wichtig. Sieh hin, welche Gefühle eine Affirmation in dir auslöst.

Verwende die Affirmationen am besten im Rahmen eines kleinen Rituals:

- Setz dich hin, und schließe die Augen.
- Stell dir einen Raben bildhaft vor; vielleicht sitzt er über dir in einem Baum oder auf deiner Schulter.
- Wiederhole die Affirmation, bis du das Gefühl hast, dass der Rabe zufrieden ist.

Affirmationen:

- Ich bin Lehrer und kann anderen helfen, sich selbst zu finden.
- Mit Rabenkraft überwinde ich Ängste und Zweifel.
- Ich bin mir meiner Spiritualität bewusst und vertraue meiner inneren Weisheit.

Der Rat des Raben

Einst wanderte ein armer Schustergeselle namens Anton auf der Suche nach Glück oder wenigstens einem guten Meister. Frohen Mutes schritt er kräftig am Waldesrand voran, als ihm ein Mann entgegenkam. Der war in feinsten Stoff gekleidet, trug an jedem Finger einen Ring mit einem kostbaren Edelstein, Ketten aus Gold und Rubinen, Smaragden und Saphiren um den Hals, und in seinen Taschen klimperten Juwelen und Goldmünzen miteinander um die Wette. Anton, der Schustergeselle, grüßte den Mann freundlich.

Der grüßte zurück und sprach: »Junger Mann, wie du siehst, habe ich einen Schatz gefunden – viel mehr, als ich brauche. Du scheinst ein netter Bursche zu sein und siehst so aus, als ob du auch für ein wenig Gold Verwendung hättest. Gib mir deinen Hut, und ich sage dir, wie du zu dem Schatz kommst.«

Da zögerte Anton nicht lang und riss sich den Hut vom Kopf.

»Geh hier am Waldesrand weiter, bis du an eine große Eiche gelangst. Hinter der Eiche führt ein schmaler Pfad in den Wald. Folge diesem Pfad, bis du an einen mannshohen Felsen kommst, der direkt am Weg steht. Klopfe dreimal gegen den Felsen. Eine Tür wird sich im Fels öffnen, tritt ein, und du siehst den Schatz – viel mehr, als du tragen kannst.«

Anton hüpfte das Herz vor Freude. Er bedankte sich überschwänglich bei dem Fremden, der dazu nur seltsam lächelte. Dann machte er sich, mit größeren Schritten als zuvor, auf den Weg. Und richtig: Da stand die große Eiche! Und dort sah er auch schon den kleinen Pfad!

Auf einem der unteren Äste saß ein großer Rabe, der sah Anton so bedeutsam an, dass ihm ganz merkwürdig wurde. »Was willst du von mir, Rabe?«, rief Anton, freilich ohne eine Antwort zu erwarten.

Der Rabe krächzte jedoch: »Ich bin dein Schützer auf dem Weg.«

Anton erschrak. Er blickte den Raben erstaunt an und wusste nicht, was er dazu sagen sollte. Also sagte er nichts und betrat den Pfad.

»Geh nicht dorthin! Geh nicht dorthin!«, rief der Rabe. Doch Anton hörte nicht auf ihn. Geschwind schritt er den Pfad entlang und war bald tief im Wald. Als er hinter sich blickte, konnte er den Pfad, den er gekommen war, nicht mehr erkennen. Doch auf einem Ast saß wieder der Rabe, der ihm wohl gefolgt war.

»Geh schnell zurück! Geh schnell zurück!«, rief der Rabe.

Doch Anton konnte den Pfad hinter sich nicht mehr recht erkennen, den Pfad, der vor ihm lag, jedoch sehr gut. Also hörte Anton nicht auf das Gekrächze, sondern folgte weiter dem Pfad. Nicht lang, und er kam an den mannshohen Felsen, von dem er gehört hatte. Anton hob die Hand.

Da flog der Rabe herbei und setzte sich oben auf den Felsen und rief: »Klopf nicht dort an! Klopf nicht dort an!«

Anton aber hörte nicht auf ihn und schlug seine Faust dreimal an den Felsen. Und siehe da: Im Fels öffnete sich eine Tür.

»Tritt nicht dort ein! Tritt nicht dort ein!«, krächzte der Rabe.

Anton wurde nun ein wenig unheimlich zumute. »Warum sollte ich nicht, Herr Rabe? Ein Schatz wartet dort auf mich!«

»Unheil wartet dort auf dich!«, rief der Rabe und klang zornig. Dann sprach er mit ruhiger Stimme weiter: »Doch ich sehe schon, du willst nicht auf meinen Rat hören. Nun, so sei es. Doch ich will dir einen weiteren Rat mit auf den Weg geben: Wenn du eintrittst, lass die Juwelen und das Gold liegen. Nimm den hölzernen Kelch und den hölzernen Stab!«

Anton zuckte die Schultern und trat vorsichtig in die Höhle. Dort funkelte es im Licht der Kerzen, die an den Wänden aufleuchteten. Ein großer Haufen Gold und Edelsteine erhob sich in der Mitte des Raumes. In dem Haufen stak ein hölzerner Wanderstab, und ganz oben auf dem Haufen lag ein angeschlagener hölzerner Kelch.

Anton wollte sich schon mit den schönsten Edelsteinen die Taschen füllen, als er an den Raben dachte. Vielleicht hatte dieser Rabe ja die Wahrheit gesprochen? Ach – die Edelsteine könnte er ja auch später noch in seine Taschen füllen. Also griff er sich den Holzkelch und den Wanderstab.

In diesem Moment verloschen fast alle Kerzen, und der Haufen aus Gold und Edelsteinen verschwand. Vielstimmiges Geschrei erhob sich. »Dieb! Dieb!«, kreischten schrille Stimmen. Es öffneten sich Gänge in die Höhle, und aus diesen strömten Gnome mit funkelnden Augen und grimmigen Gesichtern. Sie hielten kleine Knüppel in der Hand und stürmten auf Anton ein. Der aber hielt plötzlich statt eines Holzstabs ein feuriges Schwert in der Hand, mit dem er die Gnome zurückschlug. Doch da trat ein großer Troll hervor, der genauso aussah wie der Mann, der Anton den Weg zum Schatz gewiesen hatte, der lachte grauenvoll und rief: »Wir werden dich fressen, kleiner Mann. Du hättest wohl besser auf den Raben, unseren Feind, gehört.« Anton schlug den Troll mit dem Feuerschwert auf sein Haupt, doch es war, als hätte er gegen Felsen geschlagen. Der Troll lachte nur noch lauter. »Mein Schwert, das du gestohlen hast, kann mir nichts anhaben! Aber ich bewundere deinen Mut, deshalb will ich dich doch laufen lassen. Gib mir nur den Becher zurück.«

Misstrauisch sah Anton auf den einfachen Holzbecher und bemerkte, dass der Becher mit Wasser gefüllt war. Er wusste nicht recht, warum – war es eine göttliche Eingabe oder hilflose Wut –, doch er schüttete das Wasser auf den Troll. Der schrie vor Schmerzen auf und brüllte: »Ich lasse dich gehen und gebe dir Gold, wenn du mir nur meinen Becher zurückgibst!«

Anton sah, dass sich der Becher wieder gefüllt hatte, und goss wiederum das Wasser auf den Troll. Der schrie wieder auf und schien zu schmelzen. »Gib mir den Becher, und ich mache dich reicher als den König!«, schrie der Troll. Da schüttete Anton noch ein drittes Mal Wasser auf ihn – denn er sah nun, dass der Becher sich immer wieder von Neuem füllte. Doch er brauchte kein Wasser mehr, denn der Troll zerfiel mit einem letzten Seufzen zu Staub.

Anton rannte, so schnell ihn seine Beine trugen, aus der Höhle. Da sah er den Raben auf dem Felsen sitzen und rief: »Dank dir, lieber Rabe! Ohne deinen Rat hätte ich mein Leben verloren.«

»Ist schon gut«, krächzte der Rabe. »Von jetzt an wirst du wohl gleich auf meinen Rat hören.«

Anton nickte. »Ja, ganz sicher werde ich das!«

»Nun«, sprach der Rabe. »So werde ich dir einen weiteren guten Rat geben: Gib den Becher nicht aus der Hand, wie viel man dir auch dafür bietet!«

Anton lachte. »Gut, ich will deinem Rat folgen. Doch wer will schon einen alten Holzbecher? Ich werde ihn als Andenken behalten.«

Der Rabe lachte nicht und sprach in ernstem Ton: »Gib den Holzbecher nicht weg, oder es wird dich reuen!«

Anton versprach es und machte sich wieder auf den Weg. Als er schließlich müde in eine Herberge einkehrte und mit anderen am Tisch saß, begann er nach ein paar Krügen Bier von seinem erstaunlichen Abenteuer zu erzählen. Seine Tischkumpanen lachten und dachten, dass Anton wohl ein wenig zu viel des guten Bieres getrunken hatte. Als Anton schließlich aufstand, um zu Bett zu gehen, trat ein gut gekleideter Herr auf ihn zu und sprach: »Guter Mann, die Bauern verstehen es nicht. Ich glaube deiner Erzählung. Nun ist ein Holzbecher, der stets Wasser gibt, durchaus erstaunlich, wenn auch nicht gerade wertvoll. Ich jedoch bin Gelehrter und sammle seltene Gegenstände. Daher würde ich dir den Becher gern abkaufen. Ich geben dir einen blanken Goldtaler dafür!«

Anton wollte schon einschlagen, da dachte er an den Raben. So schüttelte er den Kopf. »Nein, mein Herr – den Becher verkaufe ich nicht. Er ist mir ein wertvolles Andenken.«

Stirnrunzelnd erhöhte der Herr auf drei Goldtaler.

Anton lehnte ab, auch als der Fremde ihm zehn Taler bot.

Der Gelehrte schüttelte mitleidig den Kopf. »Anton, du weißt nicht, was gut für dich ist. Doch du bist ein guter Bursche, der etwas Glück im Leben verdient hat. Und der Rabe hat dir ganz recht geraten, den Becher nicht sofort zu verkaufen. Er wusste wohl, dass ich dein Wohltäter werden würde. Ich bin sehr wohlhabend, doch werde ich bald nach Ägypten reisen und kann nicht meinen ganzen Besitz mit mir nehmen. Du kannst mein Haus, drei meiner Bediensteten haben – und eine Truhe voll Gold, damit du anständig leben kannst.«

Da schlug Anton ein. Jetzt war er reich. In Gedanken dankte er dem Raben für seinen weisen Rat.

Die Zeit verging, und Anton lebte als feiner Herr in der Stadt. Doch es dauerte nicht lange, bis er erst Gold, Bedienstete und Haus verlor und wieder arm war.

Der Gelehrte aber hatte den Becher, der nicht nur stets frisches Wasser gab, sondern dem Wasser auch die Eigenschaft verlieh, jegliches Leiden zu heilen. So wurde der Gelehrte schnell als Wunderarzt berühmt, schließlich hörte der König von ihm und machte ihn zu seinem Leibarzt und Berater. Als die Prinzessin sehr krank wurde und der Wunderdoktor sie in kurzer Zeit kurierte, gab der König seinem liebsten Berater und Heiler seine Tochter zur Frau. Und der frischgebackene Prinzgemahl dankte täglich seinem Glück, der Dummheit des Wandergesellen und der Klugheit des Raben.

Jedes Tier kann ein Krafttier sein – 24 weitere Seelenbegleiter

Die zwölf Seelenbegleiter, die ich dir hier vorgestellt habe, sind natürlich nicht alle Krafttiere. Jedes Tier kann zu einem Krafttier für dich werden. Jedes steht für bestimmte Kräfte, Eigenschaften und Fähigkeiten. Diese Kräfte, Eigenschaften und Fähigkeiten sieht man bei den Tieren in der Natur; doch was man nicht so leicht sieht, ist das Geistwesen, die Seele aller Geschöpfe.

Dass ich nur zwölf Krafttiere beschrieben habe, hat zwei Gründe. Einer davon ist ganz praktischer Natur: Du willst ja nicht unbedingt ein Kompendium von mehreren Tausend Seiten, in dem die Kräfte jeder Kreatur von der Fliege bis zum Regenwurm beschrieben sind. Die Tiere, um die es im Hauptteil geht, sind diejenigen, die erstens Krafttiere unserer Heimat sind, was die energetische Verbindung erhöht, und die zweitens für viele Menschen eine Bedeutung haben. Nicht viele Zeitgenossen würden sich für die Fliege oder den Regenwurm entscheiden, wenn sie Hilfe von Geistwesen suchten. Das heißt aber nicht, dass diese unscheinbaren Tierchen nicht auch besondere Energien hätten. Wie der unvergessene Komiker Heinz Erhardt einmal sinngemäß sagte: Sieh dort die Stubenfliege, wie sie sich in die Lüfte erhebt und sich dann »etwas echauffiert« auf deiner Nase niederlässt – konnte das Goethe? Das ist nicht nur amüsant, sondern zweifellos auch wahr. Die Fliege steht für Leichtigkeit, Genügsamkeit und große Beweglichkeit – keine verachtenswerten Eigenschaften für ein Krafttier!

Der zweite Grund ist ein theoretischer: Die Krafttiere lassen sich energetisch den Elementen zuordnen. Das ist die Bedeutung der Dreiecke in dem Krafttierkreis. Jedenfalls habe ich für jedes Element die drei wichtigsten Krafttiere ausgesucht – und für jeden Monat des Jahres eines.

Beim Schreiben des Buches und in Gesprächen habe ich jedoch festgestellt, dass es sinnvoll ist, auch noch ein paar mehr Krafttiere zu erwähnen – zumindest kurz. Die zwölf Haupt-Krafttiere sind wohl für 90 Prozent der Menschen die Tiere, die für sie Bedeutung haben – doch für 10 Prozent sind es eben andere. Das schien mir doch zu viel, um es zu ignorieren. Nun kann ich, wie gesagt, natürlich nicht alle Tiere beschreiben – doch auf den nächsten Seiten findest du zumindest Kurzbeschreibungen von 24 weiteren Tieren, und zwar

- dem Hund,
- dem Luchs,
- der Maus,
- dem Schaf,
- der Forelle,
- der Ente,
- der Biene,
- dem Spatzen,
- dem Wiesel,
- dem Wildschwein,
- dem Esel,
- dem Stier,
- dem Biber,
- dem Frosch,
- dem Schmetterling,
- dem Eichhörnchen,
- dem Reh,
- dem Elch,
- dem Dachs,
- dem Igel,
- der Eidechse,
- dem Schwan,
- der Amsel und
- der Elster.

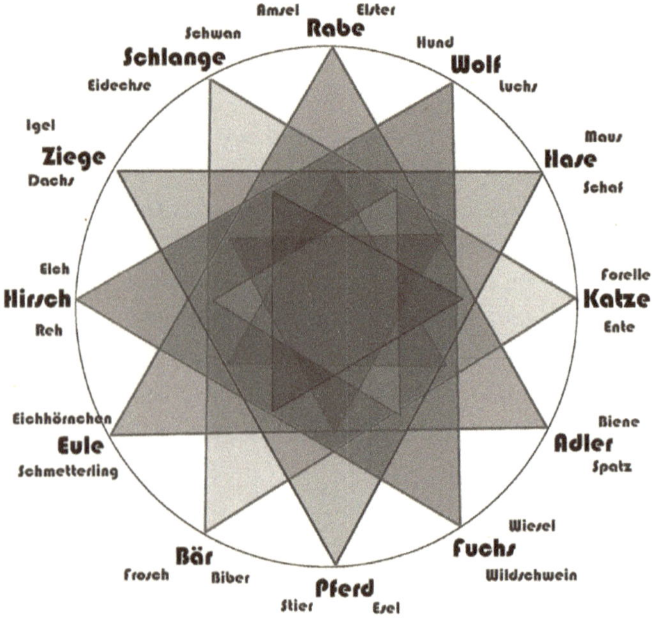

Im Krafttierkreis kannst du auch sehen, welche Tiere sich energetisch nahestehen, und das mag sicherlich manchmal überraschend sein. Es ist nicht kategorisch. Das sind ja alles Gedankenspiele – es geht in der Hauptsache um das

Fühlen und Spüren, wenn wir uns mit den Krafttieren beschäftigen.

Vielleicht ist dein Seelenbegleiter oder das Krafttier, zu dem du Verbindung aufnehmen willst, weil du Hilfe bei einer bestimmten Lebensaufgabe suchst, immer noch nicht eindeutig eruierbar. Ich glaube aber, dass dies nicht ausschlaggebend ist. Wenn du die Beschreibungen der zwölf Krafttiere gelesen hast, wirst du selbst mit deiner Intuition und deinem Gefühl dein persönliches Krafttier erspüren, auch wenn es in diesem Buch nicht aufgeführt ist.

Nun aber stichwortartig zu den 24 Krafttieren, von denen du die Haupteigenschaften, die damit verbundenen zentralen Lebensaufgaben, die Bereiche, bei denen das jeweilige Tier besonders gut als spiritueller Helfer geeignet ist, und ein paar Affirmationen kennenlernen wirst, durch die du den Kontakt mit diesen Krafttieren aufnehmen oder verstärken kannst.

Der Hund

Das Krafttier Hund steht uns seit Menschengedenken treu zur Seite und lehrt uns, bedingungslos zu lieben.

Haupteigenschaften des Hundes

- Bedingungslose Liebe
- Selbstbewusstsein
- Gemeinschaftsgefühl
- Familiensinn
- Loyalität
- Gute Intuition
- Mut

Lebensaufgaben des Hundes

- Suche dein Glück in der Gemeinschaft: Freunde sind wichtig!
- Vertraue im Umgang mit Menschen auf dein Bauchgefühl.
- Lass dich durch deine natürliche Loyalität nicht zu schlechten Taten verleiten.
- Übe dich darin, deiner Zuneigung zu anderen Ausdruck zu verleihen.
- Bleib dir selbst treu, und verzeih dir auch deine Fehler.

Helferfunktionen des Hundes

- Hilfe bei zwischenmenschlichen Problemen.
- Unterstützt Selbstmitgefühl.
- Gute Verbindungen zu anderen herstellen.

Affirmationen für den Hund

- Bedingungslose Liebe ist meine größte Kraftquelle.
- Meine Intuition weist mir zuverlässig den Weg.
- Ich bin voll Zuversicht und Selbstbewusstsein.

Der Luchs

Der Luchs ist ein geheimnisvoller Begleiter, der dir hilft, ein Gespür für die Wahrheit und für Gefühle zu bekommen.

Haupteigenschaften des Luchses

- Gemeinschaftsgefühl
- Intelligenz
- Scharfsichtigkeit
- Geheimnisvolle Art
- Durchsetzungskraft
- Intuition
- Freiheitsliebe
- Zurückhaltung
- Mut

Lebensaufgaben des Luchses

- Nutze deine Eigenschaften Intelligenz, Scharfsichtigkeit und Mut, um den Dingen auf den Grund zu gehen.
- Halte dich an die Regel: Reden ist Silber, Schweigen ist Gold – und Zuhören Diamant.
- Bewahre Geheimnisse gut – das bringt dich auf deinem Weg voran.
- Versuche, das Unerklärliche zu ergründen.

Helferfunktionen des Luchses

- Hilft dabei, den Dingen auf den Grund zu gehen, gerade wenn es um spirituelle Fragen geht.
- Stärkt die Intuition.
- Unterstützt dich bei intellektuellen Aufgaben und Prüfungen.

Affirmationen für den Luchs

- Ich bin ein Geheimnisbewahrer – dadurch erfahre ich Vertrauen und Zuwendung.
- Ich vertraue auf Kopf *und* Bauch, auf meine Intelligenz *und* meine Intuition.
- Ich sehe mehr als andere, aber behalte das für mich.

Die Maus

Das Krafttier Maus lehrt dich die Bedeutung von Zurückhaltung und Bescheidenheit und führt dich zu Wohlstand.

Haupteigenschaften der Maus

- Achtsamkeit
- Lernbereitschaft
- Sensibilität
- Fruchtbarkeit
- Wohlstand
- Neugierde
- Zurückhaltung und Bescheidenheit
- Forscherdrang

Lebensaufgaben der Maus

- Folge deinem Drang, Neues zu lernen.
- Nutze deine Sensibilität und deine Lernbereitschaft, um Wohlstand zu erreichen.
- Bring deine kreativen Ideen in die Welt.
- Strebe nach Erfolg, doch übe dich dabei in Zurückhaltung.
- Nutze deinen Forscherdrang, um neue Wege zu finden.

Helferfunktionen der Maus

- Hilft dir, erfolgreich zu sein.
- Unterstützt dich beim Finden neuer Wege.
- Hilft bei finanziellen Schwierigkeiten.

Affirmationen für die Maus

- Meine Ideen sind es wert, Verbreitung zu finden.
- Mit Zurückhaltung und Bescheidenheit komme ich zu Wohlstand.
- Achtsamkeit und Sensibilität eröffnen mir täglich neue Chancen.

Das Schaf

Das Wichtigste, was dir dieses starke Krafttier zeigen kann, ist die Bedeutung der Zufriedenheit mit dem, was ist.

Haupteigenschaften des Schafes

- Achtsamkeit
- Unschuld
- Friedfertigkeit
- Genügsamkeit
- Bescheidenheit
- Opferbereitschaft
- Fruchtbarkeit
- Verbreitung neuer Ideen
- Sensibilität
- Gemeinschaftssinn

Lebensaufgaben des Schafes

- Achte darauf, dass du nicht ausgenutzt wirst, und sag nicht zu allem Ja.
- Deine Unschuld ist deine Stärke – pass auf, dass sie nicht zur Naivität wird.
- Folge dem Herdentrieb, aber suche dir deine Herde gut aus.
- Deine Anlage zu Bescheidenheit und Genügsamkeit ist eine großartige Voraussetzung dafür, spiritueller

Lehrer zu sein – lass dich von deiner Bescheidenheit nicht davon abhalten.

Helferfunktionen des Schafes

- Unterstützt dich dabei, andere zu lehren.
- Hilft dir, zufrieden zu sein mit dem, was du hast.
- Hilft bei Problemen, die mit Fruchtbarkeit zu tun haben – sei es ein unerfüllter Kinderwunsch oder eine kreative Krise.

Affirmationen für das Schaf

- Ich bin stark und aufgehoben in meiner Gemeinschaft.
- Ich nehme die Aufgabe an, spiritueller Lehrer zu sein.
- Zufrieden und heiter nehme ich an, was kommt.

Die Forelle

Die Forelle ist ein seltenes, aber starkes Krafttier, das dir die Macht deines Willens zeigt und dich zu Glück und Wohlstand führen kann.

Haupteigenschaften der Forelle

- Willenskraft
- Unabhängigkeit
- Balance
- Überwindung von Hindernissen
- Glück
- Wohlstand

Lebensaufgaben der Forelle

- Nutze deine innere Kraft, um über dich hinauszuwachsen.
- Kultiviere deine Unabhängigkeit und Ausgeglichenheit.
- Vertraue auf deine angeborene Kraft, auch größere Hindernisse zu überwinden.
- Lass Glück und Wohlstand zu, und stell ihnen mit deiner Willenskraft keine Hindernisse entgegen.

Helferfunktionen der Forelle

- Bringt dir Glück.
- Sorgt für Wohlstand.
- Hilft dir, Hindernisse kraftvoll zu überwinden.

Affirmationen für die Forelle

- Ich bin frei und unabhängig.
- Geld kommt von selbst – ich lasse es zu.
- Meine Willenskraft überwindet jedes Hindernis.

Die Ente

Kein Krafttier hilft dir so sehr dabei, dein Lebensglück zu finden, wie die Ente. Sie sorgt zudem für emotionales Gleichgewicht.

Haupteigenschaften der Ente

- Gelassenheit
- Schutz
- Selbstbestimmtheit
- Vertrauen
- Klarheit
- Heiterkeit
- Positivität

Lebensaufgaben der Ente

- Nimm deine guten und nicht so guten Emotionen an, und bewahre deine Ausgeglichenheit.
- Nimm deine Lebensaufgabe an, andere zu beschützen.
- Stelle dich den Dingen, vor denen du dich versteckst, und vermeide es, zur Beute zu werden.

Helferfunktionen der Ente

- Hilft, wenn du mütterliche Wärme und Herzenskraft brauchst.

- Unterstützt dich, wenn du aus dem Gleichgewicht zu kommen drohst.
- Hilft dir dabei, Humor zu bewahren, auch wenn die Lage ernst ist.

Affirmationen für die Ente

- Heiterkeit und Herzenswärme sind meine Stärke.
- Ich bewahre mein emotionales Gleichgewicht mit Leichtigkeit.
- Ich bin in Frieden mit mir selbst und der Welt.

Die Biene

Die Biene hilft dir vor allem, dein Leben in Ordnung zu bringen. Sie zeigt dir deine Aufgaben und ist dein Glücksbringer.

Haupteigenschaften der Biene

- Visionäre Energie
- Überwindung dunkler Kräfte
- Wahrnehmung des sonst Unsichtbaren
- Hoffnung
- Strukturierung und Ordnung
- Kommunikation
- Zusammenhalt

Lebensaufgaben der Biene

- Kultiviere deine visionäre Kraft.
- Setz deine Energie für die Gemeinschaft ein.
- Suche den Ausgleich zwischen Geben und Nehmen.

Helferfunktionen der Biene

- Hilft, Ordnung zu schaffen, wenn Chaos dein Leben beherrscht.
- Bietet Hilfe bei Ausdruck und Kommunikation.
- Hilft dir dabei, das Gefühl der Verbundenheit mit anderen Menschen und der Welt zu entdecken.

Affirmationen für die Biene

- Ich bin stark, wenn ich mich auf die Gemeinschaft konzentriere.
- Ich kann mich mit Worten, mit dem Körper und mit meiner Seele ausdrücken.
- Ordnung und Struktur kommen zu mir, wenn ich es zulasse.

Der Spatz

Ist der Spatz dein Krafttier, erfährst du, welche Wunder in alltäglichen Dingen stecken, und entdeckst die Kraft der Dankbarkeit.

Haupteigenschaften des Spatzen

- Hoffnung und Freude
- Blick für das Wunder in Kleinigkeiten
- Lichtvolle Energie
- Lebensfreude
- Gastfreundschaft und Bereitschaft zu teilen
- Selbstwertgefühl ohne Überheblichkeit
- Beständigkeit und Fleiß

Lebensaufgaben des Spatzen

- Konzentriere dich auf das Naheliegende, anstatt Traumschlösser zu bauen.
- Was auch geschieht, erhalte dir Heiterkeit und Hoffnung.
- Auch wenn es dir schwerfällt: Bewahre Geheimnisse, die man dir anvertraut.
- Kultiviere die Gabe der Gastfreundschaft, und teile deine Freude mit anderen.

Helferfunktionen des Spatzen

- Hilft, wenn du niedergeschlagen und traurig bist.
- Bietet Unterstützung bei jeder Form von Zusammenarbeit mit anderen.
- Hilft dir, wenn du Verantwortung übernehmen sollst und dir das Angst macht.
- Erleichtert es dir, Beständigkeit und Fleiß zu entwickeln, wenn du es brauchst.

Affirmationen für den Spatzen

- Ich weiß, wer ich bin, und ich weiß, dass es gut ist.
- Das Wunder liegt in den kleinen Dingen – sie führen mich zum Erfolg.
- Hoffnung und Freude sind in mir.

Das Wiesel

Das Wiesel ist ein besonders starkes Krafttier, das dir hilft, dich über Konventionen und alte Verhaltensmuster hinwegzusetzen.

Haupteigenschaften des Wiesels

- Listigkeit
- Selbsterkenntnis
- Feinfühligkeit
- Intelligenz
- Aufspüren verborgenen Wissens
- Lernfähigkeit

Lebensaufgaben des Wiesels

- Kultiviere deine hohen geistigen Anlagen, und hüte dich vor Abstumpfung.
- Nutze dein Einfühlungsvermögen, um zum Erfolg zu gelangen.
- Lerne alles, was dir Freude macht, und nutze es für deine Herzensziele.
- Nimm dir Zeit für dich selbst, und geh deinen Motiven nach.

Helferfunktionen des Wiesels

- Hilft dir, wenn du in Konventionen und alten Verhaltensmustern gefangen bist.
- Steht dir bei der Suche nach Wahrheit bei und führt dich zum Erfolg.
- Unterstützt dich beim Überwinden von Unsicherheit und Abstumpfung.
- Steht dir bei schwierigen Verhandlungen bei.

Affirmationen für das Wiesel

- Meine Intelligenz und Feinfühligkeit helfen mir, das Leben zu verstehen.
- Ich stehe zu dem, was ich tue, und überwinde Konventionen.
- Ich erkenne, was hinter den Dingen steckt.

Das Wildschwein

Das Wildschwein wirkt aggressiv – doch wenn du dich nicht zu Wut hinreißen lässt, steht dir eine große Kraft zur Verfügung und bringt Freude in dein Leben.

Haupteigenschaften des Wildschweins

- Klugheit
- Kraft
- Lebenskunst
- Furchtlosigkeit
- Unermüdliches Suchen
- Aufspüren von verborgenen Schätzen
- Zielsicherheit

Lebensaufgaben des Wildschweins

- Hüte dich vor Aggressivität, sie bringt dich nicht weiter.
- Bemühe dich darum, schwelende Mutterkonflikte zu lösen.
- Achte darauf, Geben und Nehmen im Gleichgewicht zu halten.
- Beende, was du anfängst. Denke groß!

Helferfunktionen des Wildschweins

- Hilft, das Richtige aufzuspüren, wenn du nicht weißt, wohin dein Leben dich führt.
- Unterstützt dich dabei, Ängste zu überwinden.
- Dient als ein starker Helfer bei allerlei Schwierigkeiten auf deinem Weg.

Affirmationen für das Wildschwein

- Ich stehe zu dem, was ich will, und setze es kraftvoll durch.
- Wenn ich wütend werde, lache ich darüber und gehe unbeirrt meinen Weg.
- Ich bin mutig und tapfer und überwinde die Angst.

Der Esel

Dieses besondere Krafttier führt dich nicht schnell, dafür aber sicher zu deinen Zielen – Rückschläge werden dich mit seiner Hilfe nicht aus der Bahn werfen.

Haupteigenschaften des Esels

- Gute Verwurzelung im Hier und Jetzt
- Beständigkeit und Zuverlässigkeit
- Willenskraft
- Stolz ohne Überheblichkeit
- Geduld
- Verantwortungsbewusstsein
- Unbeirrbarkeit

Lebensaufgaben des Esels

- Geh deinen Weg, und lass dich nicht durch Spott oder Gewalt davon abbringen.
- Achte darauf, dir nicht mehr aufzubürden, als du tragen kannst.
- Befreie dich von Unwesentlichem, vor allem von Lasten aus der Vergangenheit.
- Kultiviere Demut und Dankbarkeit.

Helferfunktionen des Esels

- Ist ein starker Helfer, wenn es dir an Lebensfreude mangelt.
- Hilft dir dabei, trotz Widerständen unbeirrt deinen Weg zu gehen, wenn dich andere davon abbringen wollen.
- Hilft dir, schwere Aufgaben heiter und geduldig anzunehmen.

Affirmationen für den Esel

- Ich bin voll und ganz im Hier und Jetzt.
- Ich gehe heiter und gelassen meinen Weg.
- Ich nehmen die Aufgaben, die mir zufallen, dankbar an.

Der Stier

Der Stier ist in vielen Kulturen ein Symbol für Kraft und Männlichkeit. Als Krafttier hilft er dir, dich durchzusetzen und Selbstbewusstsein zu entwickeln.

Haupteigenschaften des Stiers

- Selbstbewusstsein
- Kraft und Mut
- Ausdruckskraft
- Gesundheit
- Fülle
- Präsenz
- Durchsetzungsvermögen

Lebensaufgaben des Stiers

- Setz deine Kraft ein, wenn es notwendig wird, aber lass dich nicht reizen.
- Präsenz und Beharrlichkeit bringen dich weiter als Kampf; hüte dich vor Wut.
- Entwickle Körper *und* Geist – einseitige Entwicklung schadet dir.

Helferfunktionen des Stiers

- Bietet Unterstützung, wenn du dich durchsetzen musst.
- Leistet Hilfe bei gesundheitlichen Problemen, die dein Immunsystem fordern.
- Hilft bei Männerproblemen und schwachem Selbstbewusstsein.

Affirmationen für den Stier

- Ich stehe hier, genau dort, wo ich stehen will.
- Ich lache über die Wut – meine Stärke siegt auch ohne Kampf.
- Ich spüre die männliche Energie in mir, und das tut gut.

Der Biber

Der Biber ist erstaunlich: Außer dem Menschen hat kein Lebewesen sein Umfeld so »unter Kontrolle«. So ist der Biber ein sehr starkes Krafttier, das dir hilft, auch die größten Ziele zu verwirklichen.

Haupteigenschaften des Bibers

- Entschlossenheit
- Ziehen von Grenzen
- Aufbauen von Neuem
- Fleiß und Kraft
- Angstfreies Herangehen an große Aufgaben
- Planungs- und Organisationstalent
- Fähigkeit zur Erweiterung
- Sicherheit

Lebensaufgaben des Bibers

- Nutze deine Kraft, Neues aufzubauen.
- Lenke dein Sicherheitsbedürfnis in kreative Bahnen anstatt in Angst.
- Achte darauf, dass du flexibel bleibst und deine Ziele nicht starrsinnig verfolgst – manchmal ist ein Neuanfang oder eine große Veränderung notwendig.
- Sei dir bewusst, dass dein Handeln große Auswirkungen haben kann.

Helferfunktionen des Bibers

- Hilft beim Burn-out und bei der Verzweiflung über die Größe einer Aufgabe.
- Bietet Inspiration und Ermutigung, um deine Ziele zu erreichen.
- Unterstützt dich beim Aufbau eines neuen Projekts.

Affirmationen für den Biber

- Wenn das Ziel groß ist, ist auch meine Energie groß.
- Ich baue meine Welt und gestalte sie nach meinen Vorstellungen.
- Ich habe alle Kräfte, die ich zum Erreichen meiner Ziele benötige.

Der Frosch

Das Krafttier Frosch ist ein erstaunliches Wesen mit außerordentlichen Fähigkeiten. Als dein Krafttier hilft er dir, große Veränderungen nicht nur zu überstehen, sondern mit neuer Kraft daraus hervorzugehen.

Haupteigenschaften des Frosches

- Eigenwilligkeit
- Authentizität
- Innere Ruhe
- Reaktionsvermögen
- Ausdauer
- Veränderungsbereitschaft

Lebensaufgaben des Frosches

- Mach dir klar, welche Dinge du wirklich brauchst, und lass Unwesentliches oder das, was nicht zu dir passt, los.
- Sei ganz du selbst, auch wenn du Veränderungen durchmachst.
- Konzentriere dich auf dein Herzensziel – lass dich nicht zu sehr ablenken.

Helferfunktionen des Frosches

- Dient dir als das ideales Helfertier bei Aufgaben, die Geduld und schnelle Reaktion erfordern.
- Schenkt dir Vertrauen in deine Intuition, die dich zielsicher dort hinführt, wo du hinwillst.
- Hilft dir, wenn eine große Veränderung ansteht.

Affirmationen für den Frosch

- Ich bin die Ruhe selbst und doch hellwach.
- Ich nehme die Veränderung mit Freude an.
- Ich lasse das Unwesentliche los und bin ganz und gar ich selbst.

Der Schmetterling

Wenn du den Schmetterling als Krafttier hast oder als Helfer wählst, bist du wahrscheinlich ein Lebenskünstler, oder du bist auf der Suche nach spiritueller Befreiung. Aber der Schmetterling kann noch mehr ...

Haupteigenschaften des Schmetterlings

- Weisheit
- Befreien von Ängsten
- Leichtigkeit
- Auflösen dunkler Energien
- Bewusstes Annehmen
- Sinn für Schönheit

Lebensaufgaben des Schmetterlings

- Lass dich von der Weisheit des Schmetterlings zu einer Lebensweise führen, die von Leichtigkeit geprägt ist.
- Nimm an, was kommt, und wende es mühelos zu deinem Besten.
- Achte auf das Schöne in deinem Leben.

Helferfunktionen des Schmetterlings

- Hilft, das Wunderbare und Erstaunliche in kleinen Dingen zu sehen.

- Unterstützt dich, wenn dein Leben schwer wird.
- Steht dir bei, wann immer du mit dunklen Energien und Gefühlen konfrontiert wirst.

Affirmationen für den Schmetterling

- Mir gelingen die Dinge mit Leichtigkeit und Achtsamkeit.
- Dunkler Energie und Angst begegne ich mit Fröhlichkeit und Lachen.
- Ich nehme an, was zu mir kommt, und mache mühelos das Beste daraus.

Das Eichhörnchen

Mit dem Eichhörnchen als Seelenbegleiter wird es dir nicht schwerfallen, Zeiten des Umbruchs mit Leichtigkeit, Freude und Lebenskraft zu begegnen.

Haupteigenschaften des Eichhörnchens

- Weisheit
- Freude
- Leichtigkeit
- Lebenskraft
- Bewusstheit im Hier und Jetzt
- Kontakt mit Überirdischem

Lebensaufgaben des Eichhörnchens

- Nimm die Leichtigkeit als Lehrmeister, und mach es dir selbst nicht zu schwer.
- Schöpfe aus deinen Erinnerungen, Erfahrungen und Fantasien – sie zeigen dir den besten Weg.
- Übe dich in Achtsamkeit und darauf, im Hier und Jetzt zu leben.

Helferfunktionen des Eichhörnchens

- Hilft dir, wenn du Ideen und Pläne umsetzen willst.
- Löst Konflikte zwischen Herz und Verstand.
- Bringt Leichtigkeit in deine Gefühle, wenn sie schwer sind.

Affirmationen für das Eichhörnchen

- Ich vertraue meiner inneren Weisheit und folge dem Weg der Leichtigkeit.
- Mein Herz und mein Verstand finden gemeinsam die beste Lösung.
- Ich bin voll Freude und Lebenskraft.

Das Reh

Das Reh ist ein sehr unterschätztes Krafttier. Hinter seiner Sanftheit verbergen sich innere Stärke und Selbstbewusstsein. Der wichtigste Unterschied zum Hirsch ist, dass das Reh die weibliche Energie fördert.

Haupteigenschaften des Rehes

- Sanftheit und Frieden
- Selbstbewusstsein
- Weibliche Energie
- Dankbarkeit
- Empathie
- Begeisterungsfähigkeit

Lebensaufgaben des Rehes

- Hüte dich vor Selbstmitleid. Selbstmitgefühl, dein Annehmen aller deiner Eigenschaften – das ist es, was dich weiterbringt.
- Versuche, deine Ängste vor dem Unbekannten zu überwinden, und lerne, deiner Intuition zu vertrauen.
- Kultiviere Herzensgüte und Freundlichkeit.
- Akzeptiere deine Schwächen und die der anderen.

Helferfunktionen des Rehes

- Hilft dir, dein Selbstvertrauen zu stärken und Gefühle zuzulassen.
- Unterstützt dich dabei, die gewohnten Bahnen zu verlassen und deine Zurückhaltung abzulegen.
- Dient als hervorragendes Helfertier, wann immer du Probleme mit deinem weiblichen Persönlichkeitsteil hast.

Affirmationen für das Reh

- Ich gehe furchtlos auf meine Mitmenschen zu.
- Ich nehme mich an, so wie ich bin, und es ist gut so.
- Mein Leuchtturm auf meinem Lebensweg ist die Herzensgüte.

Der Elch

Der Elch – der auch zu den Hirschen gehört – ist eines der ältesten Krafttiere. Seine sanfte Majestät lässt nicht sofort seine Kraft erahnen, sich zu verändern.

Haupteigenschaften des Elches

- Würde
- Erneuerungskraft
- Ausgeglichenheit
- Belastbarkeit
- Verbindung von Himmel und Erde
- Genügsamkeit

Lebensaufgaben des Elches

- Hüte dich vor Menschen, die deine Güte und Sanftmut ausnutzen.
- Lerne, Nein zu sagen, wenn es angebracht ist. Mach dir klar, dass du nicht alles machen musst.
- Finde heraus, was wirklich wichtig für dich ist, und konzentriere dich darauf, anstatt dem Burn-out entgegenzudriften.
- Vertraue deiner inneren Stimme und deinem Bauchgefühl.

Helferfunktionen des Elches

- Hilft dir, Probleme klarer zu sehen, wenn du voller Zweifel bist.
- Unterstützt dich, Hindernisse aus dem Weg zu räumen.
- Steht dir zur Seite, wenn du Angst vor Neuem hast.

Affirmationen für den Elch

- Meine innere Weisheit sagt mir, wann ich sanft sein soll und wann stark und durchsetzungsfähig.
- Ich vertraue meinen Gefühlen voll und ganz.
- Ich weiß um meine Kraft und weiß, wer ich bin.

Der Dachs

Der Dachs hat einen Ruf als Dickkopf. Das ist aber nicht negativ: Er weiß, wer er ist und was er will – und diese Eigenschaften vermittelt er dir als Krafttier.

Haupteigenschaften des Dachses

- Zielbewusstsein und Durchsetzungskraft
- Angstlosigkeit
- Verantwortungsbewusstsein
- Materieller Wohlstand
- Selbstheilungskraft

Lebensaufgaben des Dachses

- Verliere deine Herzensziele nicht aus den Augen.
- Hab keine Angst vor materiellem Wohlstand. Solange du verantwortungsvoll damit umgehst, ist das eine starke Energie.
- Wenn du seelisch verletzt bist, vertraue gelassen auf deine Fähigkeit, dich selbst zu heilen.

Helferfunktionen des Dachses

- Befreit von Ängsten.
- Hilft dabei, materiellen Wohlstand aufzubauen.
- Unterstützt die Selbstheilungskräfte.

Affirmationen für den Dachs

- Ich weiß genau, wer ich bin, und ich verfolge kraftvoll meine Ziele.
- Mut lässt mich alle Widerstände überwinden.
- Der innere Heiler unterstützt mich mit liebevoller Kraft.

Der Igel

Der unscheinbare Igel ist ein sehr starkes Krafttier. Seine Widerstandskraft, sein Mut und seine Gelassenheit machen ihn zu einem idealen Helfer in herausfordernden Lebenslagen.

Haupteigenschaften des Igels

- Willenskraft
- Zielstrebigkeit
- Mut
- Widerstandskraft
- Aufzeigen von Grenzen
- Gelassenheit

Lebensaufgaben des Igels

- Kultiviere deine Talente, und lass dich von anderen nicht durch Worte verletzen und von deinem Weg abbringen.
- Nimm dir den Freiraum, den du brauchst, um dein Potenzial zu entfalten.
- Mach dich unabhängig davon, ob andere dich verstehen.
- Lass dich von deiner Wissbegierde zu neuen Einsichten führen.

Helferfunktionen des Igels

- Hilft dir, dich von Ängsten zu befreien.
- Unterstützt dich bei der seelischen Heilung.
- Gibt dir Mut und Gelassenheit, wenn du in schwierigen Situationen bist.

Affirmationen für den Igel

- Voller Mut gehe ich zielstrebig meinen eigenen Weg.
- Ich bleibe gelassen, was auch immer auf mich zukommt.
- Ich kann mich wehren, wenn jemand meine Grenzen verletzt.

Die Eidechse

Eine Eigenschaft der Eidechse ist besonders berühmt: Sie kann ihren Schwanz abwerfen und sich regenerieren. Das gilt auch für das Krafttier: Es hilft dir, dich zu regenerieren, wenn du Altes abgeworfen hast.

Haupteigenschaften der Eidechse

- Erneuerung und Wachstum
- Schnelligkeit
- Wächter auf Seelenwanderung
- Sonnenkraft
- Glück und Wärme
- Vermittlung zwischen geistiger und materieller Welt

Lebensaufgaben der Eidechse

- Leg die Furcht vor einschneidenden Veränderungen in deinem Leben ab; sie lassen dich wachsen.
- Folge deinen Träumen; sie haben wichtige Botschaften für dich – vor allem wenn dir das Krafttier Eidechse im Traum erscheint.
- Tu, was dich glücklich macht, und glaube nicht, dass du Glück und Herzenswärme nicht verdienst.

Helferfunktionen der Eidechse

- Dient dir als starker Begleiter auf Seelenreisen und in Träumen.
- Hilft dir, mit großen Veränderungen nicht nur gut umzugehen, sondern sogar daran zu wachsen.
- Löst Konflikte zwischen Herz und Verstand, Körper und Geist, Geistigem und Materiellem.

Affirmationen für die Eidechse

- Ich heiße das Neue freudig willkommen.
- Ich verdiene es, glücklich zu sein und geliebt zu werden.
- Meine innere Weisheit hilft mir, Zweifel zu überwinden.

Der Schwan

Das Märchen vom hässlichen Entlein kennst du wahrscheinlich. Dann weißt du ja auch, dass das hässliche »Entlein« in Wirklichkeit ein Schwan war. Das Krafttier Schwan steht für inneres Wachstum, das erstaunliche Auswirkungen hat.

Haupteigenschaften des Schwans

- Lichtvolle Energie
- Stärke und Hoffnung
- Erfolg
- Selbstbewusstsein
- Transzendenz
- Wachstum

Lebensaufgaben des Schwans

- Mach dir klar, dass du innerlich immer wachsen kannst.
- Bring deine lichtvolle Kraft und dein Selbstbewusstsein ohne Arroganz zur Blüte.
- Schaffe ein Bewusstsein dafür, dass es mehr gibt, als das Auge sieht.
- Kultiviere die Hoffnung – du hast bereits alle Kräfte, die du brauchst.

Helferfunktionen des Schwans

- Hilft, wenn dir eine Aufgabe zu schwer wird, den Glauben an deine innere Stärke zu bewahren.
- Unterstützt dich beim Kontakt mit »Übersinnlichem«.
- Gibt in dunklen Zeiten lichtvolle Energie.

Affirmationen für den Schwan

- In mir strahlt ein wunderbares warmes Licht.
- Ich bin stolz auf mich.
- Stärke und Hoffnung überwinden Hindernisse und führen mich zum Erfolg.

Die Amsel

Die Amsel ist nicht umsonst ein gern gesehener Vogel. Das Krafttier verheißt Glück, Heiterkeit und Erfolg bei einem Neubeginn.

Haupteigenschaften der Amsel

- Klugheit
- Musisches Empfinden
- Sensibilität
- Lebensmut und Freude
- Transformation von Schatten und Ängsten
- Langlebigkeit

Lebensaufgaben der Amsel

- Geh deiner künstlerischen Ader nach, auch wenn andere dich davon abbringen wollen.
- Kultiviere dein Selbstbewusstsein: Du hast mehr Fähigkeiten, als du glaubst.
- Richte deine Gedanken auf das Heitere, und bleib stets optimistisch.
- Wage einen Neubeginn, wenn dein Herz es dir sagt.

Helferfunktionen der Amsel

- Löst Angst und Unsicherheit auf.

- Unterstützt dich bei kreativen Vorhaben.
- Hilft dir, Schwächen in Stärken zu verwandeln.

Affirmationen für die Amsel

- Ich bin voll Lebensmut und Freude.
- Meine Sensibilität ist meine Stärke.
- Mich von Altem zu trennen gibt mir neue Kraft und Selbstbewusstsein.

Die Elster

In Asien ist die Elster als großer Glücksbringer bekannt, bei uns kennt man sie eher, weil sie schöne Dinge anzieht und von ihnen angezogen wird. Dieses Krafttier verfügt sowohl über Gerechtigkeitssinn als auch über einen positiven Umgang mit Materiellem. Ein Glücksbringer eben.

Haupteigenschaften der Elster

- Klugheit
- Starke Überzeugung
- Kommunikation
- Materialismus
- Gerechtigkeit
- Voraussicht

Lebensaufgaben der Elster

- Nutze deine Überzeugungskraft, um deine Ziele zu erreichen.
- Bring etwas Gutes in die Welt. Deine starke Überzeugung überzeugt andere.
- Hüte dich vor Ungerechtigkeiten – damit sie dir nicht geschehen, aber auch, damit du keine begehst.

Helferfunktionen der Elster

- Hilft dir beim Erreichen deiner materiellen Ziele.
- Steht dir zur Seite, wenn du etwas vorhast, was einer starken Überzeugung und Überzeugungskraft bedarf.
- Hilft dir beim Planen.
- Unterstützt dich bei der Kommunikation mit anderen Menschen.

Affirmationen für die Elster

- Ich überzeuge mit Voraussicht und Gerechtigkeitsgefühl.
- Ich ziehe materiellen Wohlstand an.
- Ich bin voller Hingabe, und die Dinge geschehen wie von selbst.

So findest du dein Krafttier

Nun hast du ja bereits viel über Krafttiere gehört. Vielleicht hat dir der kurze Test am Anfang schon einen Hinweis darauf gegeben, welches davon dein Seelenbegleiter ist. Oder deine Intuition hat dir beim Lesen der Beschreibungen deutlich gesagt, welches Krafttier zu dir gehört.

Jetzt wollen wir uns noch einmal genauer ansehen, welche Möglichkeiten es gibt, deinen Seelenbegleiter zu erkennen, Kontakt mit ihm aufzunehmen, mit ihm zu kommunizieren und dir Rat von ihm zu holen.

Kontakt aufnehmen

Der erste Schritt, mit Krafttieren zu arbeiten, besteht darin, dass du dir darüber klar wirst, welches Tier dich spirituell begleitet. Der Test am Anfang ist ein kleiner Hinweis; ein Anstupser für deine Intuition. Im besten Fall hast du ein Aha-Erlebnis, und du spürst sofort: Ja, das ist es! Es kann aber natürlich ebenso gut sein, dass der Test dir kein wirklich klares Ergebnis gezeigt hat, dein Gefühl gegen das Testergebnis spricht oder du dir zwar vorstellen kannst, der Test habe dir dein Krafttier gezeigt, du dich aber einfach unsicher fühlst. Vielleicht willst du nicht nur auf solch einen kurzen Test vertrauen, oder du möchtest es einfach genauer wissen. Deshalb wollen wir uns nun einmal ein paar Möglichkeiten ansehen, wie du einen ersten Kontakt zu deinem Seelenbegleiter aufnehmen kannst.

Manchmal ist es ja ganz einfach: Du fühlst dich schon immer zu einem Tier hingezogen – vielleicht, weil du es in einem besonders anmutenden Film gesehen hast: Flipper, Lassie, Black Beauty, das Schweinchen Babe oder Skippy, das Buschkänguru … Natürlich waren die alle sehr niedlich und sympathisch. Wenn du solche Filme als Kind gesehen hast, wirst du eine gewisse Verbindung zu diesen Tieren spüren. Und warum auch nicht – schließlich sind wir alle als Lebewesen miteinander verbunden.

Doch wenn ich davon spreche, dass du dich zu einem Tier *hingezogen* fühlst, geht das schon ein wenig tiefer. Vielleicht hast du diese Anziehungskraft unabhängig von einem Film oder einer Geschichte schon als Kind gespürt. Und womöglich hat sich das bis heute nicht geändert. Dann wird es möglicherweise, ja sogar ziemlich wahrscheinlich so sein, dass dieses Tier dein Seelenbegleiter ist.

Mir ging es jedenfalls bei meinem Krafttier, dem Raben, so. Schon als kleines Kind faszinierten mich diese schwarzen Vögel, ich wollte in ihrer Nähe sein und nervte meine Eltern damit, dass ich einen Raben als Haustier haben wollte. Das hat natürlich nicht geklappt. Aber meine Gefühle für Raben ließen nicht nach, im Gegenteil, sie wurden immer intensiver. Als ich dann begann, mich mit Schamanismus und Krafttieren auseinanderzusetzen, war es eigentlich gleich klar: Der Rabe ist mein Seelenbegleiter!

Vielleicht ist es ja bei dir ähnlich? Überleg mal, welches Plüschtier du als Kind unbedingt haben wolltest, mit welchem du am meisten gespielt hast und welches du möglicherweise heute noch hast. All das können sehr deutliche Hinweise sein. Oft ist die Sache dann ziemlich eindeutig.

So einfach ist es aber leider nicht immer, sein Krafttier zu finden. Viele Menschen haben tatsächlich nicht die geringste Vorstellung davon, wer ihr Seelenbegleiter sein könnte. Sie tendieren dazu, ein bekanntes und beliebtes Tier zu wählen, zum Beispiel Löwe, Elefant oder Delfin.

So funktioniert es aber nicht. Du wählst deinen Seelenbegleiter nicht »einfach so«. Er ist seit deiner Geburt ein Teil von dir. In vielerlei Hinsicht *bist* du dein Krafttier. Zumindest ein wichtiger Teil deines Unterbewusstseins ist ganz eng mit deinem Seelenbegleiter verbunden.

In manchen Büchern und Zeitschriften wird behauptet, du könntest deinen Seelenbegleiter über das »indianische Horoskop« ermitteln. Davon halte ich offen gestanden gar nichts. Sein ureigenes Krafttier zu finden ist eine sehr persönliche Angelegenheit – mit einem einfachen »Trick« ist da nichts zu machen. Erst recht nicht mit einer Methode aus einem völlig fremden Kulturkreis – die übrigens erst im 20. Jahrhundert von dem Stuntman Vincent LaDuke erfunden wurde, der sich später Sun Bear nannte und sich vom westlichen Horoskop zu seiner Methode inspirieren ließ. Hier solltest du auf deinen gesunden Menschenverstand hören und außerdem bedenken, dass es grundsätzlich keine spirituellen Patentlösungen gibt. Jeder Mensch ist anders, und jeder muss seinen eigenen authentischen Weg finden.

Wie »funktioniert« es aber dann? Es gibt verschiedene Möglichkeiten, dein Krafttier zu entdecken, und ich will dir im Folgenden einige davon zeigen.

Träume

In Träumen sind die Tore zu unserem Unterbewusstsein weit geöffnet. Wenn wir träumen, erfahren wir Dinge über uns, die uns im Wachzustand nicht klar sind. Nun ist es aber nicht so, wie es manche »Traumlexika« oder gewisse »Tiefenpsychologen« behaupten. Träume sind nur teilweise symbolisch. Oft sind sie ganz konkret. Vor allem aber sind die Traumsymbole nicht normiert: Es ist beispielsweise vollkommener Unsinn, dass ein Messer auf Streit und Spaltung hinweist oder ein Zug positive Veränderungen oder rasches Vorankommen im Leben versinnbildlicht. Das ist geradezu lächerlich: Als ob unser Unterbewusstsein ein Rätsel in einer Zeitschrift wäre, das man mithilfe eines Wörterbuchs lösen könnte, und als ob man den Kontext nicht ernst nehmen müsste!

Nein, es ist einerseits viel schwieriger und zugleich doch auch einfacher. Einfacher deshalb, weil du gar kein Traumlexikon brauchst, um die Bedeutung deiner Träume zu verstehen. Schwieriger, weil du die Bedeutung nicht einfach schnell nachschlagen kannst, sondern schon selbst nachdenken und in dich hineinspüren musst.

Ich könnte ein ganzes Buch nur über Träume schreiben und werde das wohl auch irgendwann tun. Aber hier muss ich mich kurzfassen. Also, der wichtigste Anhaltspunkt für die Bedeutung von Träumen sind die Gefühle, die du in deinen Träumen erfährst. »Fallen« bedeutet nicht unbedingt, dass du Angst vor dem Fallen beziehungsweise momentan keinen Halt im Leben hast oder dass du nicht mit beiden Beinen auf dem Boden stehst. Zwar *kann* es all das bedeuten. Aber es kann ebenso gut heißen, dass eine große, unverwirklichte Abenteuerlust in dir steckt oder dass dich fallen zu lassen eine große Lust und Befreiung wäre. Kein Symbol kann dir das verraten – doch deine Gefühle sagen dir völlig unmissverständlich, ob du beim Fallen nun Angst hattest oder Lust verspürt hast!

Und wie ist das nun mit den Krafttieren im Traum? Sehr einfach: Dein Seelenbegleiter wird dir viel häufiger oder aber intensiver im Traum erscheinen als andere Tiere. Möglicherweise werden diese Träume sehr emotional sein. Vielleicht erlebst du im Traum sogar, dass dieses Tier mit dir in menschlicher Sprache spricht (oder du seine Sprache verstehst). Vielleicht führt es dich oder warnt dich. Wenn das nicht nur einmal passiert oder wenn das Gefühl sehr stark ist, kannst du davon ausgehen, dass sich dein Seelenbegleiter dir im Traum offenbart hat.

Ein Krafttier-Ritual

Eine schöne Möglichkeit, seinem Krafttier zu begegnen, besteht darin, ein einfaches Ritual auszuführen, in dem dir dein Seelenbegleiter begegnen kann. Am besten ist es natürlich, wenn du es in der freien Natur zelebrieren kannst: in einem Wald, an einer Quelle, an einem Fluss … wo auch immer die Natur einigermaßen unberührt ist. Aber das geht natürlich nicht bei jedem. Du kannst dein Krafttier-Ritual selbstverständlich auch bei dir zu Hause, in deinem Garten oder im Park durchführen – dies kann allerdings gewisse Schwierigkeiten mit sich bringen: Während des Rituals wirst du dich im Vergleich zum Alltag nämlich etwas ungewöhnlich verhalten, wie du gleich sehen wirst. Wenn du nicht seltsame Blicke von Nachbarn oder Spaziergängern im Park auf dich ziehen willst, ist die freie Natur und Abgeschiedenheit oder die sichere Privatsphäre bei dir daheim wohl die beste Wahl.

Also, was brauchst du?

- Eine Trommel oder Rassel wäre gut. Das muss nicht unbedingt eine echte Trommel sein; du kannst notfalls auch einen Karton als Trommel benutzen. Auch eine Rassel kannst du dir sicher selbst bauen.
- Eine große Decke soll dir als Umhang und zum Ruhen dienen.
- Trage weite, natürliche Kleidung, möglichst dünn und möglichst wenig davon. Wenn du dein Ritual in einer wirklich abgelegenen Gegend oder zu Hause ausführst, kannst du auch ganz auf Kleidung verzichten – das kann das Ritual erleichtern. Aber dabei gilt: Wenn du dich nervös fühlst oder dich verkrampfst, dann bleib während des Rituals lieber angezogen.
- Du brauchst nur Wasser, an Lebensmitteln solltest du nichts mitnehmen; du musst während des Rituals nicht essen – besser ist es sogar, wenn du auch vorher schon

ein paar Stunden nüchtern geblieben bist. Je nachdem, wie empfindlich du auf Hunger reagierst, ist das möglicherweise etwas unangenehm. Halte das aus. Dein Ritual dauert ja nicht tagelang!

→ Suche ein paar Dinge aus, die dir wirklich wichtig sind oder die wichtige Ereignisse in deinem Leben symbolisieren. Beispielsweise ein Foto deiner Eltern, ein Spielzeug, ein Schmuckstück, ein Buch … was auch immer. Wichtig ist nur, dass der Gegenstand für dich eine besondere Bedeutung hat.

Nun begibst du dich dorthin, wo du dein Ritual ausführen möchtest. Mach diesen Ort zu einem Kraftort, indem du den Platz, an dem du das Ritual durchführst, langsam in einem Kreis abschreitest und dort, wo es deine Intuition dir sagt, die mitgebrachten, für dich bedeutungsvollen Gegenstände ablegst.

Setz dich in die Mitte des abgeschrittenen Kreises, und komm erst einmal ganz bei dir an. Mach dir kurz klar, was du vorhast: Du willst die Verbindung zu deinem Seelenbegleiter aufnehmen – alles andere ist jetzt unwichtig.

Nun beginne damit, die Trommel zu schlagen oder die Rassel zu schütteln. In einem gemächlichen Rhythmus, so wie es dir richtig scheint. Mach das eine Weile, und lass dich von dem Rhythmus tragen.

Dann beginne damit, deine Bitte um Kontakt mit deinem Seelenbegleiter auszudrücken, die Bitte, dass sich dein Krafttier offenbaren möge. Am besten geht das durch »Singen«. Natürlich keine Lieder, sondern eher einen monotonen

Sprechgesang. »Singe« das, was deine Bitte an deinen Seelenbegleiter am besten ausdrückt – das Einzige, was dabei zählt, ist dein Gefühl, nicht die Worte.

Du kannst natürlich einfach singen: »Mein Seelenbegleiter, offenbare dich mir«, oder einen ähnlichen bewusst formulierten Satz. Doch lass lieber dein Unterbewusstsein »sprechen«. Vielleicht sind es nur einzelne, scheinbar unzusammenhängende Worte, möglicherweise sogar nur scheinbar sinnlose Silben ... Was immer es ist – lass es einfach geschehen.

Dein Körper wird mitreagieren und sich bewegen wollen. Folge diesem Impuls. Tanze, stampfe auf den Boden, dreh dich im Kreis oder hüpfe auf und ab – egal, was dein Körper tun will, lass es zu. Bleib dabei, und warte, was geschieht.

Oft »erscheint« dann ein Krafttier, meist vor dem inneren Auge oder auch nur als kraftvoller Gedanke an ein bestimmtes Tier. Manchmal wirst du auch lediglich ein starkes Gefühl spüren, das auf ein bestimmtes Tier hindeutet. Dann hat sich dein Krafttier, dein Seelenbegleiter offenbart. Falls das geschieht, bedanke dich.

Wenn du irgendwann vom Singen, Tanzen und Trommeln erschöpft bist, hülle dich abschließend in deine Decke. Leg dich hin, oder sitz eingehüllt, die Decke über deinen Kopf gezogen. Entspann dich, und lass dein Denken los. Wenn dein Seelenbegleiter dir noch nicht erschienen ist, geschieht es vielleicht jetzt, im Zustand der Ruhe, denn auch das kommt häufig vor. Lass einfach kommen, was kommt.

Beende das Ritual, indem du dich bei deinem Seelenbegleiter bedankst – auch dann unbekannterweise, wenn er sich dir diesmal noch nicht offenbart haben sollte.

Eine Krafttier-Meditation

Du kannst deinem Krafttier auch in einer Meditation begegnen. Manchen Menschen liegt das mehr, als ein doch etwas aufwendiges Ritual durchzuführen.

Meditation – die übrigens vollkommen unabhängig von einer religiösen Lehre ist – gilt als einer der Bewusstseinszustände, die sich sowohl vom Schlaf als auch vom Wachzustand unterscheiden. Das kann man sogar »messen«, nämlich mit dem Elektroenzephalogramm (EEG) oder aufwendigeren bildgebenden Verfahren wie der Magnetresonanztomografie (MRT). Da zeigt sich, dass die Aktivität in manchen Bereichen des Gehirns deutlich erhöht und die Gammawellen (ein Hirnstrommuster) bis zu dreißigmal stärker ausgeprägt sind als bei Menschen, die nicht meditieren. Sogar die Dichte der Nervenzellen erhöht sich durch regelmäßige Meditation – und zwar gerade in den Bereichen des Gehirns, die für Wahrnehmung, Emotionen und Wohlbefinden besonders wichtig sind.

Manchmal wird Meditation ja für eine »Entspannungstechnik« gehalten – doch die erstaunlichen Wirkungen und die Veränderung der Hirnstrommuster, die bei der Meditation zu beobachten sind, tauchen bei Entspannungstechniken gar nicht oder nur in einem sehr geringen Maße auf. Meditation ist also tatsächlich ein völlig anderer Bewusstseinszustand.

Und zwar einer, der die Wahrnehmung innerer wie äußerer Vorgänge verbessert. In der Meditation verbinden wir uns, wie bei dem Krafttier-Ritual, mit Bereichen unseres Unterbewussten, die uns normalerweise nicht zugänglich sind.

Und wie meditiert man nun? Hunderte von Büchern wurden zu diesem Thema geschrieben. Falls du mit deinem Seelenbegleiter in einer Meditation Verbindung aufnehmen willst, wäre es von Vorteil, wenn du bereits ein wenig Erfahrung mit Meditation hast.

Es gibt viele Möglichkeiten, in einen meditativen Zustand zu gelangen. Eine davon hast du bereits kennengelernt: Das Krafttier-Ritual, das ich oben beschrieben habe, ist so eine Option. Es ist eine Form der sogenannten *aktiven Meditation.*

Hier möchte ich jedoch eine andere Form vorstellen – und zwar die Achtsamkeitsmeditation. Dabei tust du nichts, außer zu sitzen und beispielsweise deine Atmung aufmerksam zu verfolgen. Dabei tauchen Gefühle, innere Bilder und Gedanken auf – immer. In den meditativen Zustand kommst du, indem du all diese Dinge bewusst wahrnimmst, aber nicht bewertest, über sie nachdenkst oder an ihnen festhältst. Vielmehr lässt du sie einfach wie Wolken vorbeiziehen. Das zu tun *ist* bereits die Meditation; es gibt also nichts Besonderes zu erreichen.

Für die Krafttier-Suche ist die Achtsamkeitsmeditation besonders sinnvoll: Indem dein Geist immer stiller wird, entsteht viel Raum für innere Bilder, innere Stimmen, Gefühle und Gedanken, die in immer tiefere Bewusstseinsschichten hineinreichen.

Du hältst bei der Achtsamkeitsmeditation nichts fest, was auftaucht – doch du nimmst es durchaus wahr. Früher oder später wird auch das Bild deines Seelenbegleiters auftauchen, mit den entsprechenden Gefühlen. Doch auch die hältst du nicht fest. Lass sie ebenfalls vorüberziehen.

Da du im Zustand tiefer Achtsamkeit ganz besonders wach und aufnahmebereit bist, wirst du deinen Seelenbegleiter erkennen, sobald er bei der Meditation in deinem Geist erscheint. Wie gesagt: Hier geht es noch nicht um Kommunikation mit deinem Krafttier, sondern nur darum, es zu erkennen. Und in der Meditation ist das für viele Menschen besonders gut möglich.

Fantasiereisen in die Anderswelt

Ich finde, Fantasiereisen sind eine hervorragende Möglichkeit, seinen Geist zu erweitern. Und ich meine, dass sie auch sehr hilfreich sind, wenn es darum geht, seinem Seelenbegleiter zu begegnen – und sogar mit ihm zu kommunizieren.

Auch Fantasiereisen sind eine Form der Meditation, aber eben doch eine ganz andere Form als die Achtsamkeitsmeditation. Vielleicht kennst du sie ja schon. Dann wird dir dieser Weg, deinem Krafttier zu begegnen, wahrscheinlich besonders leichtfallen. Üblicherweise wird eine Fantasiereise ja geführt: Jemand liest die Reise vor – direkt oder auf einer CD, einem Video und so weiter –, und du folgst den Worten. Das ist besonders einfach und hat viele Vorteile. Der größte liegt darin, dass dein Geist ganz loslassen kann und nicht über einzelne Schritte nachdenken muss. Eine Fantasiereise ist eine Art Hypnosesitzung. Das ist oft sehr sinnvoll und hilfreich, gerade wenn es darum geht, Stress aufzulösen oder ein konkretes Problem zu bearbeiten.

Nun kann ich dich ja nicht persönlich anleiten. Und auch wenn ich einen Text als Audiodatei hätte, könnte ich dabei nicht unmittelbar auf dich eingehen. Auch einen Fantasiereise-Text für dich aufzuschreiben ist nicht ideal. Erstens müsstest du dir entweder alles merken oder den Text selbst aufnehmen – aber auch dabei wäre der Nachteil, dass die Worte nie ganz individuell zu deinen Bedürfnissen passen können.

Für die Suche nach deinem Seelenbegleiter brauchst du deine ganze geistige Freiheit. Du wirst dich führen lassen – aber nicht von einem standardisierten Text, sondern erst von deiner Intuition (deinem noch unbewussten Seelenbegleiter) und schließlich direkt von deinem Seelenbegleiter, der dir bei der Reise bewusst wird. Klingt das schwierig? Und wie sollst du überhaupt vorgehen?

Dieser Weg ist tatsächlich ein wenig schwieriger, als einem professionell gesprochenen Text auf einer CD zu folgen. Und du brauchst ein gewisses Maß an visueller Vorstellungskraft. Ein gewisses Maß heißt: Eine durchschnittlich entwickelte Vorstellungskraft reicht völlig aus. Aber wenn du weißt, dass du jemand bist, dem es sehr schwerfällt, sich innere Bilder vorzustellen, dann ist dieser Weg nicht dein Weg. Sicher ist dann die Methode des Krafttierrituals oder der Meditation besser für dich geeignet.

Falls du mit Fantasiereisen hingegen keine Probleme und vielleicht sogar schon gute Erfahrungen gemacht hast, dann solltest du diese Möglichkeit unbedingt nutzen. Ich kann dich auf dem Weg zwar nicht direkt führen, dir aber ein paar Wegweiser aufstellen, die es dir leichter machen, auf Entdeckungsreise zu deinem Seelenbegleiter zu gehen.

Die Vorbereitung. Du solltest die Reise an einem Ort beginnen, an dem du dich vollkommen wohl- und sicher fühlst. Das wird meist bei dir zu Hause der Fall sein: Da kannst du die Raumtemperatur einstellen, die dir am angenehmsten ist, und du kannst die Bedingungen schaffen, die es dir erleichtern, dich ganz fallen zu lassen. Du kannst es dir bequem machen, angenehme Düfte nutzen und die Tür schließen, damit du deine Ruhe hast.

Zur Ruhe gehört auch, dass du möglichst keine Musik laufen lässt. Wenn es aber unruhig ist, Straßen- oder Menschengeräusche dich irritieren oder wenn du völlige Stille schwer ertragen kannst, dann wähle Musik, die

- keine starke Dynamik hat, also nicht Teile, die leise, und andere, die laut sind,
- nicht »treibt«, also keine Popmusik, auch nicht die meisten klassischen Kompositionen, und
- lang genug dauert und bei der du nicht von einem Wechsel zwischen Titeln oder dem plötzlichen Ende aus der Trancereise gerissen wirst.

Am besten, du verwendest spezielle Meditationsmusik, die sich durch fehlende Rhythmik und Dynamik auszeichnet und dafür einen Klangteppich erzeugt, der dich einhüllt.

Es gibt auch Aufnahmen mit schamanischem Trommeln. Auch wenn bei dieser Musik die Rhythmik eine wichtige Rolle spielt, kann sie für deine innere Reise dennoch sehr förderlich sein, sofern sie etwas in dir in Resonanz bringt. Das ist ganz ähnlich wie bei dem oben beschriebenen Krafttier-Ritual. Auch Naturgeräusche sind eine sehr gute Möglichkeit: das Plätschern eines Bächleins, Waldgeräusche, Wellenrauschen, Regen … Alle diese Klänge können dich bei deiner Reise durchaus unterstützen, wenn dich die üblichen Alltagsgeräusche unruhig machen.

Informiere deine Mitbewohner, dass du für einige Zeit deine Ruhe brauchst, damit du nicht versehentlich gestört wirst. Eine tiefe Fantasiereise zu unterbrechen ist sehr unangenehm. Stell dir vor, du würdest deine Füße in der Karibik im warmen Wasser baumeln lassen – und im nächsten Augenblick säßest du mit Badekleidung im Büro: So ungefähr fühlt es sich an, eine intensive Fantasiereise plötzlich abbrechen zu müssen.

Zur Vorbereitung gehören noch einige weitere Punkte, und zwar, dass

- du einen Plan hast, wie die Reise losgeht,
- du weißt, was du dabei tun kannst,
- du dir klar darüber bist, dass du deinem Seelenbegleiter begegnen kannst,
- du eine grobe Vorstellung davon hast, wie du reagierst, und
- du weißt, wie du von der Reise zurückkehrst.

Über all diese Dinge werde ich gleich sprechen – und du solltest sie wirklich ganz verinnerlichen, bevor du dich auf den Weg machst.

Der Beginn der Reise. Du beginnst damit, es dir bequem zu machen. Und zwar so bequem, dass es nicht nötig wird, deine Position im Laufe der Fantasiereise zu verändern. Auch die Temperatur und die Beleuchtung sollten so sein, dass du dich gut aufgehoben fühlst.

Dann schließt du die Augen. Sag dir innerlich mehrmals dein Ziel vor, und mach dir bewusst, dass du deinen Seelenbegleiter finden möchtest.

Bei dieser Einstimmung tauchen vielleicht schon innere Bilder auf. Bist du in einem Wald, an einem See, auf einem Berg, am Meer? Lass die Bilder in dir entstehen, wenn sie möchten. Und wenn nicht, ist das auch nicht schlimm. Entspanne einfach Körper und Geist.

Beispiel einer Fantasiereise. Nehmen wir einmal an, dass du nun mit deiner Vorstellung in einem großen, lichtdurchfluteten Wald stehst …

Ich stehe hier im Wald. Wie angenehm es duftet. Ich sehe mich um. In allen Richtungen große, alte Bäume. Das lässt mein Herz höherschlagen – ich liebe den Wald. Ich höre ein paar Waldgeräusche, kleine Tiere im Unterholz, ein paar Vögel zwitschern. Noch zeigt sich kein Lebewesen.

Es zieht mich nach links, ich höre dort Wasser plätschern. Nach ein paar Schritten komme ich an eine kleine Lichtung, in deren Mitte ein Felsen steht, aus dem Wasser quillt. Ich nähere mich dieser Quelle, es ist, als würde ich von ihr angezogen. »Bitte, mein Seelenbegleiter, zeig dich mir!«, denke ich und bin mir sicher, dass er mich hört. Doch noch ist kein Wesen zu sehen. Ich gehe vor der Quelle auf die Knie und trinke einen Schluck. Als ich ins Wasser blicke, sehe ich mein Spiegelbild, aber ich sehe noch etwas. Mein Gesicht wird von einem anderen Gesicht, einem Katzengesicht, überlagert. Ich bin gespannt – zeigt sich nun mein Seelenbegleiter? Ich blicke mich um, und nicht weit entfernt sitzt eine große Wildkatze und sieht mich neugierig an. Normalerweise würde ich mich vor einer so kräftigen Wildkatze etwas fürchten – obwohl ich schon immer eine gute Verbindung zu Katzen hatte. Aber es tauchen überhaupt keine negativen Gefühle auf, ganz im Gegenteil. Die Katze sieht mich an und ich sie, und sie scheint zu lächeln. Nicht sichtbar, sie zieht nicht wie Menschen die Mundwinkel nach oben; doch sie wirkt irgendwie fröhlich.

Mit etwas zittriger Stimme frage ich: »Bist du meine Seelenbegleiterin?« Die Katze sagt nichts, doch sie erhebt sich und geht auf mich zu. Je näher sie mir kommt, desto glücklicher werde ich. Ich habe irgendwie das Gefühl, dass der größte Teil meiner Alltagssorgen und Ängste von mir abfällt – und dass dies mit der Katze zusammenhängt. Ich frage noch mal: »Bist du meine Seelenbegleiterin?« Die Katze sieht mich nur an – aber ich weiß, dass sie in Gedanken so etwas sagt wie: »Natürlich, Dummerchen, was glaubst denn du?« Ich muss fast lachen, gleichzeitig aber kommen mir die Tränen. Ich spüre, dass sich innere Ketten lösen. Ich spüre, dass ich irgendwie »angekommen« bin. Nun laufen mir tatsächlich Tränen die Wangen hinab, obwohl ich eigentlich sehr froh bin.

Meine Seelenbegleiterin kommt noch näher und reibt sich an meinen Beinen. Ich will mich setzen und sie streicheln, doch da weicht sie mir aus. Erstaunlicherweise macht mich das gar nicht traurig, und ich fühle mich nicht verletzt. Ich spüre innerlich, dass mir meine Seelenbegleiterin sagt, es sei noch nicht an der Zeit und wir müssten uns erst besser kennenlernen.

Meine Wildkatze sieht mir noch einmal tief in die Augen, dann macht sie einen gewaltigen Sprung über mich hinweg und landet auf dem Felsen, dem die Quelle entspringt, und beobachtet mich von dort aus.

Ich bekomme die Botschaft, nicht in Worten, sondern in Gefühlen, und ich weiß, dass sie von meiner Seelenbegleiterin kommen: Es ist jetzt an der Zeit, wieder in meinen Alltag zurückzukehren und zu einem anderen Zeitpunkt wiederzukommen. Doch die Gefühle sagen auch: »Ich werde nun immer bei dir sein, sorge dich nicht!«

Ich falte die Hände und danke meiner Seelenbegleiterin. Ich setze mich vor die Quelle, schließe die Augen und spüre, wie ein sanfter Wind meine Seele aus dem Wald hinausträgt und ich wieder hier in meiner Wohnung ankomme.

Ein großes Lächeln breitet sich auf meinem Gesicht aus. Ich bin meiner Seelenbegleiterin begegnet.

Ich will noch nicht die Augen öffnen, sondern erst ein wenig der Erfahrung nachspüren. Und ich spüre, dass da etwas »Neues« in mir war, etwas Neues, das allerdings immer schon da war und das ich nur nie wirklich habe sehen können. Und jetzt spüre ich auch, wie meine Seelenbegleiterin bei diesen Gedanken schnurrt … Es sieht so aus, als wäre ich auf dem richtigen Weg.

Als ich die Augen öffne, bin ich fast ein wenig erstaunt, keinen Wald zu sehen. Aber nur fast. Ich weiß ja genau, wo ich bin. Meine Stimmung und meine Gefühle haben sich jedoch verändert. Ich weiß, dass ich den Kontakt zu meiner Seelenbegleiterin immer mehr vertiefen will und dass mir das sehr guttut …

Das war nur ein Beispiel, von dem mir eine Klientin berichtet hat, und es war stark verkürzt. Aber du hast jetzt vielleicht eine Ahnung davon, wie so eine Fantasiereise aussehen kann – und auch, warum ich nicht viel konkreter werden kann. Jede Reise zu deinem Seelenbegleiter ist ganz einmalig. So einmalig und einzigartig wie du selbst.

Wenn du bei deiner ersten Fantasiereise deinem Krafttier noch nicht begegnest, macht das gar nichts. Akzeptiere, dass es noch nicht bereit ist, sich ganz zu offenbaren – wahrscheinlich, weil *du* noch nicht ganz bereit bist. Doch auch wenn du bisher keinen Kontakt zu deinem Seelenbegleiter aufnehmen konntest, wirst du dich nach deiner Fantasiereise klarer, freudvoller und wohler fühlen. Und du wirst dich auf deine nächste Reise freuen ...

Eine schamanische Reise

Ich erwähne diese Möglichkeit hier nur kurz, da du dazu eine Schamanin oder einen Schamanen brauchst. Nun könntest du natürlich zuerst einmal die Sprache der Samen in Lappland oder wenigstens Finnisch lernen, dich auf den Weg in den Norden machen und einen tatsächlichen Schamanen besuchen. Die einfachere Möglichkeit besteht allerdings darin, einen der vielen Menschen hierzulande aufzusuchen, die sich Schamanen nennen, und dir von ihm/ihr helfen zu lassen, dein Krafttier zu finden.

Ich merke gerade, dass es ein wenig herablassend klingt, »die sich Schamanen nennen« zu schreiben. Denn auch wenn es unter sogenannten Schamanen viele schwarze

Schafe gibt, findet man durchaus auch seriöse Heilerinnen und Heiler, die sich intensiv mit dem Schamanismus befassen. Einige haben sogar selbst bei einem (meist südamerikanischen) Schamanen gelernt und können ihre Erfahrungen gut, kompetent und konkret weitergeben – möglicherweise besser, als ein samischer Schamane das könnte, der deine Lebenswelt nicht wirklich kennt.

»Echte« schamanische Rituale können zudem sehr fordernd sein, und meist werden dabei auch psychotrope Pflanzen und Pilze eingesetzt, die dich in eine wirklich andere Welt katapultieren. Das ist nichts für sensible oder psychisch labile Menschen – und außerdem ist der Einsatz von Halluzinogenen hierzulande verboten, weshalb ich eher nicht dazu raten möchte.

Der Ablauf einer schamanischen Krafttiersuche wird manche oder möglicherweise sogar alle Elemente der Wege, die ich bisher beschrieben habe, enthalten. Es kommt ganz auf die Schamanin an, die dich bei dieser Reise begleitet. Wichtig ist, dass du ihr vertraust. Achte auch hier darauf, was deine Gefühle dir sagen. Meist haben sie recht.

Die Verbindung stärken

Für gewöhnlich ist der erste Kontakt mit deinem Seelenbegleiter nur der Anfang einer spannenden Reise. Es kann jedoch auch einmal vorkommen, dass du schon beim ersten Mal eine ganz enge Verbindung herstellen kannst und mit deinem Krafttier tatsächlich kommunizierst. Es ist sogar möglich, dass ihr da schon mit Worten oder einer Gedankenverbindung miteinander sprecht. Das ist oft dann der Fall, wenn man schon immer eine gewisse Verbindung zu einem Tier gespürt hat. Der Traum, das Krafttier-Ritual, die Meditation, die Fantasiereise oder die Reise mit schamanistischer Begleitung öffnen dann nur eine Tür, die zuvor schon einen Spalt offen stand.

Bei den meisten Menschen wird es nicht ganz so schnell gehen; die Beziehung zum Seelenbegleiter muss allmählich aufgebaut werden. Doch ganz gleich, ob du nun schon beim ersten Mal oder erst nach einer längeren Phase der Annäherung Kontakt zu deinem Krafttier aufnehmen kannst: Sobald dir bewusst ist, welches Krafttier dein Seelenbegleiter ist, solltest du diese Verbindung pflegen und stärken.

Das Wesen deines Krafttiers verstehen

Über dein Krafttier solltest du so viel wie möglich erfahren. Wie lebt es, was isst es, hat es besondere, charakteristische Verhaltensweisen …? Finde heraus, was du herausfinden kannst. Du solltest ein richtiger Experte für dieses Tier werden! Es geht hier aber nicht wirklich um das Anhäufen von Faktenwissen, sondern vielmehr darum, dass du mit dem Tier in Gedanken und Gefühlen so eng vertraut wirst, dass es kein geheimnisvoller Fremder, sondern ein sehr guter Freund ist.

Und dann ist da noch etwas, was du wissen solltest: Dein Geist kann nur ein paar Dinge zur gleichen Zeit im Bewusstsein halten. Je mehr du über dein Krafttier lernst, desto mehr erfüllt dieses Wissen deinen Geist. Es nimmt den

Raum ein, der vorher mit Sorgen, Ängsten oder Zweifeln gefüllt war. Allein schon durch die scheinbar rein intellektuelle Beschäftigung mit deinem Krafttier befreist du deinen Geist von Unnötigem und Belastendem. Zugleich näherst du dich deinem Krafttier Schritt für Schritt immer mehr an.

Schaffe ein Symbol für dein Krafttier

Symbole sind »Erkennungszeichen«. Das ist zumindest die Bedeutung des altgriechischen Wortes *sýmbolon.* Aber ein »Erkennungszeichen« kann doch eigentlich alles sein? Eine Geste, ein Wort, ein Bild, ein Gegenstand … Ganz genau! Alles kann ein Symbol für etwas sein. Die Geste oder der Gegenstand sind keine Bedeutungsträger – sie werden es, indem du ihnen eine Bedeutung zumisst.

Um konkreter zu werden: Suche dir einen Gegenstand, das kann eine kleine Holzfigur deines Krafttiers sein, ein Stein, vielleicht einer, auf den du eine grobe abstrakte Zeichnung deines Seelenbegleiters ritzt oder malst … hier gibt es unendlich viele Möglichkeiten. Wichtig ist nur, dass in deinem Geist, vor allem aber auch deinen Gefühlen, das Krafttier mit diesem Symbol verbunden ist.

Mein Krafttiersymbol ist ganz einfach: ein flacher Kiesel mit einem schwarzen Fleck, auf den ich die Rune Haglaz (Hagel) für Altisländisch *hrafn,* also Rabe, gemalt habe. Dein Symbol kann völlig anders aussehen. In der Regel nimmt man Dinge, um ein Krafttiersymbol herzustellen. Das hat einige Vorteile. Doch du kannst auch eine bestimmte Geste, ein Wort, das du flüsterst, oder eine gesungene Melodie verwenden.

Das Symbol, das du erstellt hast, erleichtert es dir, deinen Geist auf deinen Seelenbegleiter zu fokussieren. Und je öfter du dein Symbol einsetzt, desto schneller und kraftvoller ist die Verbindung. Ich muss meinen »Rabenstein« gar nicht mehr in die Hand nehmen. Schon wenn ich nur daran denke, bin ich mit meinem Seelenbegleiter verbunden.

Doch auch wenn ich gerade kein besonderes Anliegen habe, hilft mir mein Symbol, Ruhe und Kraft zu finden, und ich spüre die Energien des Raben in mir – das hat mir in einigen kniffligen Situationen bereits sehr geholfen. Ich habe mein Krafttiersymbol in die Hand genommen und konnte positive Energien in mir wecken und entsprechend kraftvoll entscheiden und handeln.

Werde dein Krafttier

Es gelingt mir leider nie, mir Flügel wachsen zu lassen und wie mein Krafttier, der Rabe, zu werden. So ist es aber auch nicht gemeint, wenn ich sage: »Werde dein Krafttier.« Du brauchst also keinen Zaubertrank und keine Magie.

Suche dir einen Platz, an dem du ungestört bist, und spiele dein Tier! Es ist wirklich ein Spiel. Tu so, als wärest du dein Krafttier. Das mag dir anfangs ein bisschen albern vorkommen. Für andere würde es sicherlich ziemlich lustig aussehen, und auch du kannst einigen Spaß dabei haben. Aber darum geht es nicht, denn viel wichtiger ist, dass du ganz neue, kraftvolle Gefühle in dir weckst. Wenn du zum Beispiel zum Bären wirst und dein Revier verteidigst, wenn du zur Eule wirst und lautlos durch die Nacht gleitest, wenn du als Katze wach und aufmerksam über die Dächer streifst ... Beweg dich ähnlich wie dein Krafttier. Das kannst du natürlich nicht konkret, vor allem wenn du schon älter bist oder Probleme mit dem Gehen hast. Doch darauf kommt es gar nicht an. Es geht einzig und allein um das Gefühl, um das Einfühlen in dein Krafttier. Ganz gleich, wie heftig du auch mit den Flügeln schlägst, niemand wird dich deshalb mit einem Adler verwechseln. Doch du kannst ein Gespür dafür entwickeln, wie dein Krafttier fühlt.

Gib Laute von dir, die dein Krafttier macht. Brumm wie ein Bär, zische wie eine Schlange, krächze wie ein Rabe! Und auch dabei ist natürlich die Qualität deiner Tierimitation völlig unwichtig, denn es geht hier ja nicht um Schauspielkunst. Wichtig ist die Empathie für dein Krafttier – das verstärkt die Verbindung.

Schließlich: Iss wie dein Tier. Natürlich kannst du keine Körner picken, Mäuse jagen oder mit deinem Schnabel Würmer aus der Erde ziehen. Auch hier geht es wiederum um das Einfühlen. Außer dass du *wie* dein Seelenbegleiter isst, solltest du, so weit es geht und zumutbar ist, auch essen, *was* er isst. Okay, Mäuse und Würmer müssen nicht sein. Ich habe jedoch herausgefunden, dass schon Kleinigkeiten die Verbindung zum Seelenbegleiter spürbar verstärken können. Oft reicht es, dem Essen ein paar Kräuter, Nüsse, Kerne oder ein Stück Obst hinzuzufügen und dem Krafttier diese Nahrungsmittel ganz bewusst zu weihen. Du kannst innerlich dazu sagen: »Dieses Stück Apfel ist für dich.«

Ich hoffe, es ist klar geworden, dass es nur indirekt um das materielle Essen geht, sondern vielmehr darum, seinem Krafttier näherzukommen und zu signalisieren: Ich will mich dir nähern und versuche, dich ganz und gar anzunehmen und zu verstehen. Und wie könnte das angenehmer gehen als bei einer gemeinsamen Mahlzeit …

Die magische Zutat für alles

Ui, fangen wir jetzt an zu zaubern? Nein, da muss ich dich leider enttäuschen. Du brauchst keine Zauberkräuter, keinen Besen und keine kryptischen Beschwörungsformeln. Die »magische Zutat«, die dir dabei helfen kann, so ziemlich alles zu verwirklichen, was du erreichen willst, ist: Übung!

Ist dir das zu langweilig? Dann solltest du wissen, dass Übung das Einzige ist, was dich wirklich voranbringt. Wenn du als Baby nicht lernst, zu stehen und zu gehen, wird das später nicht leichter: Du wirst nicht irgendwann aufstehen und herumlaufen. Wenn du Schreiben und Lesen nicht geübt hättest, du würdest es nicht können. Wenn du ein Instrument lernen willst, kannst du dich als großes Genie erweisen – und du musst trotzdem üben. Bei diesen Beispielen schüttelst du vielleicht etwas genervt den Kopf. Denn das ist doch alles selbstverständlich. Aber genau das wollte ich dir noch mal vor Augen führen: Es ist selbstverständlich, dass du Übung brauchst, um etwas gut zu können und Grenzen zu durchbrechen. Das gilt halt für *alles*, was du tust – sogar für Gefühle und spirituelle Fähigkeiten.

Achtsamkeit, Mitgefühl, das Gefühl der Verbundenheit mit allem Leben, die Verbindung zu deinem Seelenbegleiter: All diese Qualitäten werden sich ein bisschen besser entfalten, wenn du viel dazu liest, noch etwas besser, wenn du darüber nachdenkst – aber wirklich, deutlich und unübersehbar besser, wenn du regelmäßig ins Handeln kommst, du diese Fähigkeiten also immer wieder einübst!

Je häufiger du dich deinem Krafttier näherst, je häufiger ihr eine Verbindung miteinander habt, je häufiger es dir gelingt, mit deinem Seelenbegleiter zu kommunizieren, desto leichter wird es dir fallen. Bis es schließlich etwas ganz Selbstverständliches und Einfaches ist wie das Atmen.

Üben ist keine Qual. Wenn du einen Weg als qualvoll mühsam empfindest, geh einen anderen. Das heißt nicht etwa, dass du keine Energie und Mühe aufwenden solltest – nur ist es essenziell, dabei Freude, Glück, Zufriedenheit oder andere positive Gefühlszustände zu erleben!

Es ist wie beim Sport: Wenn Kinder auf dem Fußballfeld zwei Stunden lang herumrennen und dann ganz verschwitzt sind, wird wohl keines darüber klagen, dass es so anstrengend ist. Diese Anstrengung macht ja Spaß! Und so sollte es auch dir beim »Üben« mit deinem Seelenbegleiter gehen. Jeder Kontakt mit ihm gibt dir Kraft und Freude – indem du die Verbindung mit ihm stärkst und trainierst, übst du gleichzeitig gute Gefühle ein.

Mit Tiergeistern »sprechen«

Mit Krafttieren zu sprechen ist in unserer so kopflastigen Welt etwas Ungewohntes. Sicher, viele Menschen »sprechen« zwar mit ihren Hunden oder Katzen, doch sie erwarten kaum, dass Bello oder Kitty etwas Adäquates sagen. Nun ist es aber durchaus möglich, dass sie zwar nicht sprechen, aber antworten, nämlich durch ihre Körpersprache. Bei Hunden siehst du sehr deutlich, dass sie irgendwie verstehen, was du sagst, wenn es um einfache Dinge geht wie »Sitz«, »Hol das Stöckchen«, »Komm« oder dergleichen. Katzen sind nicht so leicht zu beeinflussen. Doch wenn du eine Katze siehst, die sich streckt, absichtlich in eine andere Richtung sieht, dich dann kurz »verächtlich« anblickt und davonstolziert, glauben wir recht deutlich zu wissen, wie ihr wohl zumute ist.

Es dürfte klar sein, dass Tiere bis zu einem gewissen Grad verstehen, was wir sagen. Doch wenn du ein kompliziertes Beziehungsproblem oder einen geliebten Menschen verloren hast, auch wenn dir eine schwierige Aufgabe bevorsteht, wirst du von deinen Haustieren wahrscheinlich keinen sonderlich hilfreichen Rat erhalten. Bist du eng mit deinem Hund oder deiner Katze vertraut, werden sie vermutlich deine Gefühle spüren und versuchen, dich auf ihre Art zu trösten.

Nun sprechen wir hier allerdings über Krafttiere, über spirituelle Wesenheiten, welche die Eigenschaften von Tieren repräsentieren und, wenn sie erscheinen, die äußere Form des betreffenden Tieres annehmen. Doch es sind nicht wirklich Tiere, sondern geistig weit höher entwickelte

Wesen – Träger der geistigen Essenz bestimmter Tiere und bewusste, reife Seelen.

Mit den Krafttieren, insbesondere mit deinem Seelenbegleiter, kannst du tatsächlich in Worten sprechen und sogar Worte als Antwort bekommen. Trotzdem solltest du dich nicht auf einzelne Begriffe fixieren. Sie sind nicht immer der beste Kommunikationsweg. Natürlich hat das Sprechen mit Worten große Vorteile: Gerade wenn es um Klarheit, Verständnis von Sachverhalten und logische Abfolgen geht, ist die gesprochene Sprache anderen Formen der Kommunikation überlegen. Doch du kannst auch mit Gedankenbildern sprechen, mit Klängen und Tönen, mit Gesten und deiner Körperhaltung.

Dass »Sprechen« so stark mit dem Hören von Worten verbunden ist, lenkt unseren Blick von den vielen anderen Formen ab, mit denen Lebewesen miteinander kommunizieren können. Und dadurch übersehen wir oft das Wichtigste.

In Träumen sprechen. Oft begegnet uns unser Krafttier zum ersten Mal in einem Traum. Und gar nicht so selten geschieht es dann auch gleich, dass es mit uns spricht.

Nun sind Träume leider sehr flüchtig. Wusstest du, dass jeder Mensch jede Nacht träumt? Wenn du dich nie an deine Träume erinnern kannst, wirst du das kaum glauben können. Doch tatsächlich ist es so. Psychologen haben Menschen im Schlaf überwacht und immer dann geweckt, wenn sogenannte REM-Phasen auftraten (REM steht für *rapid eye movements* [»schnelle Augenbewegungen«], die meisten Träume geschehen in dieser Schlafphase). Jeder Einzelne konnte dann von einem Traum berichten. Es träumt also jeder von uns, aber nicht jeder erinnert sich an seine Träume. Vielleicht hast du schon erlebt, dass du aufgewacht bist und ein Traum noch ganz präsent war, doch ein paar Minuten später wusstest du überhaupt nichts mehr von diesem Traum.

Kann man denn da überhaupt etwas machen? Wenn Träume so flüchtig sind, sind sie es eben. Und die Menschen, die sich an ihre Träume deutlich erinnern, haben eben Glück gehabt, oder? Glücklicherweise ist das nicht so, denn du kannst durchaus etwas tun, um dich immer besser an deine Träume zu erinnern:

- Nimm dir abends vor dem Einschlafen vor, dich an deine Träume zu erinnern. Das klingt albern, aber es hilft mehr, als man denkt. Dein Geist ist dann eher darauf eingestellt, die Träume nicht gleich wieder entfleuchen zu lassen.
- Lege dir einen Notizblock und einen Stift neben das Bett, und mach es dir zur Gewohnheit, jedes Traumfragment aufzuschreiben, an das du dich erinnern kannst. Du brauchst nicht einmal unbedingt Licht dazu. Dann wird das, was du aufschreibst, wahrscheinlich ein ziemliches Gekritzel werden, das du kaum lesen kannst – aber einiges wird trotzdem noch lesbar sein. Außerdem hilft dir der Vorgang des Aufschreibens, die Erinnerung zu festigen.
- Wenn du aufwachst und es ist noch ein wenig von dem Traum in deinem Gedächtnis, dann beweg dich erst einmal nicht. Lieg ganz still da, und sieh nach, ob du dich an ein paar Szenen erinnern kannst. Vielleicht kannst du

sogar den ganzen Traum in Gedanken noch einmal wiederholen.

Nun gilt das oben Gesagte ja für alle Träume, nicht nur für die, in denen dir ein Krafttier begegnet. Glücklicherweise. Denn alle deine Träume sind wertvoll und öffnen dir die Tore zu deinem Unterbewusstsein. Suche aber nicht krampfhaft nach »Symbolen«. Deine Träume sind, so seltsam sie auch sein mögen, in aller Regel sehr direkt – wenn du nicht nach Logik und versteckten Bedeutungen forschst, sondern mehr auf deine Gefühle und Gedanken in deinen Träumen achtest.

Sobald du geübt darin bist, dich an deine Träume zu erinnern, gelingt es dir vielleicht sogar dann und wann, »luzide« zu träumen (vom lateinischen *lucidus* für »hell, deutlich, klar«). Luzide Träume alias Klarträume sind solche, in denen du *weißt*, dass du träumst. Und dann kannst du richtig loslegen: Du kannst fliegen, in die tiefsten Tiefen des Meeres tauchen, gewaltige Sprünge oder Liebe mit deinem Traumpartner machen. Und natürlich kannst du auch deinem Seelenbegleiter begegnen und mit ihm sprechen! In einem luziden Traum ist das überhaupt kein Problem.

Leider sind luzide Träume selten. Mit etwas Übung werden sie ein wenig häufiger, aber die Regel werden sie wohl nicht. Mir gelingt es beispielsweise etwa einmal im Monat, in einen luziden Traum einzutauchen. Und dabei habe ich auch schon mit meinem Seelenbegleiter, dem Raben, gesprochen. Vielleicht wäre das auch öfter möglich, aber vermutlich habe ich dafür zu wenig geübt.

Zum Glück ist es aber gar nicht nötig, luzide zu träumen, um mit seinem Krafttier zu sprechen. Viel häufiger geschieht das nämlich in ganz normalen Träumen. Wichtig ist nur, dass du dich dann auch daran erinnerst. Grundsätzlich wird ein Dialog mit deinem Krafttier im Traum zwar auch dann seine Wirkung entfalten, wenn du dich nicht daran erinnerst, aber das ist natürlich wesentlich weniger befriedigend. Du weißt ja dann nichts davon, und die Wirkung zeigt sich beispielsweise »nur« in einer Intuition oder dem Drang, auf eine bestimmte Art und Weise an ein Problem heranzugehen. Doch es bleibt unbewusst, während es beim Sprechen mit deinem Seelenbegleiter ja vorrangig darum geht, das Unbewusste bewusst zu machen.

Wann immer du im Traum mit einem Krafttier sprichst, solltest du dankbar dafür sein und unbedingt bedenken, dass hier eine wichtige Botschaft für dich verborgen liegt. Tu's also nicht als »nur ein Traum« ab. Krafttier-Träume sind immer bedeutsam!

Gespräch im Waldritual. Ich habe ja oben schon ein Krafttier-Ritual vorgestellt. Dabei ging es darum, seinem Seelenbegleiter zu begegnen. Jetzt wollen wir noch einen Schritt weitergehen und davon ausgehen, dass du bereits weißt, welches dein Krafttier ist, und dass du schon eine erste Verbindung aufgenommen hast.

Das folgende Waldritual kann natürlich ebenso gut ein Fluss-, See-, Berg- oder Quellenritual sein. Und auch diesmal gilt, dass du es notfalls auch wieder bei dir zu Hause durchführen kannst.

Also nochmals kurz zusammengefasst: Du brauchst eine Trommel oder Rassel, eine Decke, weite, luftdurchlässige Kleidung (oder gar keine). Diesmal aber nimmst du noch das Symbol mit, das du mit deinem Krafttier verbindest.

Setz dich hin, komm zur Ruhe, und beginne damit, die Trommel zu schlagen, bis du dich vom Rhythmus tragen lassen kannst und dein Bewusstsein einen leichten Trancezustand erreicht hat. Das erkennst du daran, dass deine Aufmerksamkeit ganz bei dem Ritual ist.

Dann »rufst« du deinen Seelenbegleiter und lauschst in dein Inneres. Falls du ein visueller Mensch bist, hast du vielleicht eine Vision von deinem Krafttier. Sende Gedanken des Vertrauens und der Liebe an deine Seelenbegleiterin und bitte sie, dir zu helfen.

Wenn dein Krafttier darauf reagiert, kannst du zu ihm – mit Worten, Gedanken, inneren Bildern – sprechen. Und dann ist es deine Aufgabe, zu lauschen, zu fühlen und zu beobachten, welche Antwort dir dein Krafttier gibt.

Möglicherweise zeigt es auch erst einmal keine Reaktion auf deinen Wunsch nach Kommunikation. Sei dann aber nicht enttäuscht. Das bedeutet meist nur, dass dein Problem momentan nicht seiner Hilfe bedarf. Auch möglich ist natürlich, dass es dir antwortet, aber du es noch nicht verstehst, weil die Antwort nicht als Sprache oder offensichtliche Handlungen erscheint, sondern als Gefühl, das in dir aufsteigt. Sei offen gegenüber allem, was geschieht.

Wenn du das Ritual beendest, vergiss nicht, dich bei deiner Seelenbegleiterin zu bedanken, auch wenn du diesmal noch keine klare Botschaft erhalten hast.

In achtsamer Stille Weisungen empfangen. Eine Form des Stillerituals entspricht der Krafttier-Meditation, die du schon kennengelernt hast. Du machst dabei eine Achtsamkeitsmeditation, bei der du nichts, was in deinem Geist auftaucht, festhältst und alle Gedanken und Gefühle wie Wolken vorüberziehen lässt.

Bevor du diese Meditation beginnst, richtest du deine Gedanken ganz auf deinen Seelenbegleiter. Du kannst ihn auch direkt bitten, dir in der Meditation, die du ihm weihst, Hinweise und Rat zu geben – wie ein kleines Gebet vor der Meditation.

Und dann sitzt du vollkommen still. Dies und das taucht in deinem Geist auf, und du lässt es einfach vorüberziehen. Wenn dein Krafttier erscheint – und das wird es wahrscheinlich –, registriere auch das nur, und halte nicht daran fest. Vermutlich ist das gar nicht so einfach: Natürlich bist du erst einmal ein wenig erregt, wenn dein Krafttier sichtbar wird. Ich vermute, du *willst* es dann festhalten, um mit ihm zu sprechen. Doch widerstehe dem Impuls.

Viele Meditierende versuchen angestrengt, ihren Geist während einer Achtsamkeitsmeditation zu leeren. Doch eigentlich leerst du deinen Geist dabei gar nicht wirklich, und das ist auch nicht der Sinn der Sache. Wenn du all das, was aus den Tiefen deines Geistes an die Oberfläche kommt, nicht länger festhältst, sondern wie Wolken ziehen lässt, wird dein Geist einfach nur viel weiter und freier.

Auch dein Krafttier ist eine dieser »Wolken«. Es wird dir zeigen, was es dir gerade zeigen will, und dir sagen, was es dir gerade sagen will. Durch Festhalten wirst du nicht mehr bekommen. Eher im Gegenteil. Wenn du etwas in Gedanken fixierst, wird dein Geist gleich enger, und das Wesentliche hat darin dann leider keinen Platz mehr.

Ganz konzentriert Visionen empfangen. Auch dies ist eine Stillemeditation. Und doch ist sie in mancher Hinsicht das Gegenteil der Achtsamkeitsmeditation. Während es dort darum ging, nichts festzuhalten, besteht das Ziel bei dieser Methode darin, etwas ganz und gar im Geist zu fokussieren und sich von nichts ablenken zu lassen.

Natürlich konzentrierst du dich nicht auf irgendetwas Beliebiges, sondern auf deine Seelenbegleiterin. Eine Hilfe dabei ist dein Symbol für dein Krafttier. Mit dem Symbol hast du etwas, zu dem dein Geist ganz einfach zurückkehren kann, wenn er abgelenkt wird.

Du sitzt also da und richtest deine Augen auf dein Krafttiersymbol – oder du schließt die Augen und hältst es vor deinem inneren Auge fest. Das ist ziemlich anstrengend, beinah schon körperlich: Während du deine Konzentration stetig auf dein Symbol gerichtet hältst, produziert dein Geist alles Mögliche: Gedanken an das, was du heute noch tun willst, irgendwelche kleinen oder größeren Probleme, Fragmente aus deiner Vergangenheit, Sorgen um die Zukunft oder auch schöne Vorstellungen ... Immer wenn du merkst, dass dein Geist abschweift, kehrst du zu deinem Symbol zurück.

Allein das ist eine sehr wertvolle Übung, mit der du deine Konzentrationsfähigkeit und geistige Kraft erhöhst. Doch darum geht es ja hier nicht in erster Linie – es geht um den

Kontakt mit deiner Seelenbegleiterin und darum, hilfreiche Botschaften von ihr zu empfangen.

Wenn du diese Form der Meditation übst, wirst du nach einer Weile feststellen, dass das Symbol zu »sprechen« beginnt. Nicht unbedingt mit Worten, obwohl auch das möglich ist. Vielleicht hast du erst einmal den Eindruck, dass die innere Stimme eben eine dieser Geistesproduktionen ist, die dich ablenken. Doch jedes Mal, wenn so etwas auftaucht, solltest du es bewusst dahinziehen lassen und geistig zu deinem Krafttiersymbol zurückkehren. Und dann merkst du den Unterschied: Wenn dein Krafttier über das Symbol mit dir spricht, verschwindet die innere Stimme deiner Seelenbegleiterin nicht – du kannst nicht »zum Symbol zurückkehren«, da du ja schon da bist.

Wenn du das spürst, wird es ein Leichtes sein, die Konzentration auf das Symbol noch tiefer werden zu lassen und ganz darin einzutauchen – bis das Krafttiersymbol zum Krafttier wird.

Dann bist du in einer sehr tiefen Schicht deines Bewusstseins angekommen und kannst die Weisungen und den Rat deiner Seelenbegleiterin direkt und intensiv empfangen.

Das Fantasiereise-Ritual. Es wird dich wohl kaum überraschen, dass auch Fantasiereisen gut geeignet sind, um mit seinem Seelenbegleiter zu kommunizieren. Für mich persönlich ist es sogar die einfachste und erfolgreichste Möglichkeit.

Nur für Menschen, die große Schwierigkeiten mit visuellen Vorstellungen haben (etwa zwei Prozent aller Menschen haben eine sogenannte Aphantasie, das heißt ein völliges Fehlen eines funktionierenden bildlichen Vorstellungsvermögens), ist eine Fantasiereise wahrscheinlich nicht möglich. Genau weiß ich es allerdings nicht – vielleicht haben solche Menschen eher ein akustisches Vorstellungsvermögen und orientieren sich in ihrer inneren Welt mehr an Klängen als an Bildern, so wie es Sehbehinderte in der äußeren Welt tun.

Doch für die meisten Menschen ist eine Fantasiereise genau das Richtige. Da ich den Ablauf einer Fantasiereise im Abschnitt »Fantasiereisen in die Anderswelt« (siehe Seite 241 ff.) schon ganz genau beschrieben habe, möchte ich mich an dieser Stelle nicht wiederholen. Der einzige Unterschied zu der Methode, die du schon kennst, ist, dass du zum Beginn der Fantasiereise dein Krafttiersymbol einsetzen kannst, da dir dein Seelenbegleiter schon bekannt ist.

Dann gehst du in deiner Fantasiereise an den Ort, wo du deinem Krafttier schon begegnet bist. Vielleicht wartet es dort schon auf dich. Wenn nicht, kannst du es rufen. Und wenn es einmal nicht antwortet, mach dir keine Sorgen: Auch das ist Kommunikation. Dein Krafttier sagt dir dann, dass es dir gerade keinen Rat geben kann, wahrscheinlich deshalb, weil du dein Anliegen dir noch gar nicht klar genug gemacht hast. Aber auch dann wirst du von der Fantasiereise mit einer Information und mit einem guten Gefühl zurückkehren.

Krafttiere zu Hilfe rufen

Wenn du einen guten Kontakt mit deinem Seelenbegleiter pflegst, wird vieles im Leben leichter und manche Probleme lösen sich wie von selbst. Dein Krafttier begleitet dich und kann dir in allen Lebenslagen beistehen. Dein Seelenbegleiter kennt dich wirklich, besser als jeder Mensch, ja besser als deine Eltern.

Manchmal aber sind die Fähigkeiten und Eigenschaften deines Seelenbegleiters nicht so ganz die, die du in einer bestimmten Situation benötigst. Dann kannst du die Energie anderer Krafttiere gebrauchen.

Ich habe schon Menschen kennengelernt, die das ganz furchtbar fanden: Das wäre ja wie ein »Verrat« an seinem Seelenbegleiter! Ich fand das erst einmal nur lustig. Aber ich glaube, jetzt besser zu verstehen, was diese Gefühle ausgelöst hat. Unser Seelenbegleiter steht uns ja so nahe, dass es eine echte und gewissermaßen exklusive Beziehung ist. Dein Seelenbegleiter verlässt dich ja auch nicht, um in Teilzeit Seelenbegleiter eines anderen Menschen zu sein! Und wenn du dich dann an ein anderes Krafttier wendest …

Obwohl diese Sorge völlig unbegründet ist, ist sie eben auch menschlich. Selbstverständlich ist dein Seelenbegleiter nicht »traurig«, wenn du dich an ein anderes Krafttier wendest. Im Gegenteil: Es ist gut möglich, dass er dir sogar genau diesen Rat gibt. Ich möchte dir empfehlen, dich bei allen Problemen immer zunächst an deinen persönlichen Seelenbegleiter zu wenden – es kann sein, dass er dir dabei helfen wird, dich mit einem anderen Krafttier zu verbinden, falls deine Situation das erforderlich macht.

Manchmal ist es etwas schwierig, sich einzugestehen, dass die Kräfte, die man hat, für die Aufgabe, die man sich gesetzt hat, nicht ganz ausreichen. Doch … aber nein, ich will dir erst einmal eine kleine Geschichte erzählen:

Im Garten meines Großvaters stand ein Baumstumpf, der endlich ausgegraben werden sollte. Mein Onkel, der damals sechs Jahre alt war, hatte sich in den Kopf gesetzt, diese Aufgabe zu übernehmen. Mein Opa zog nur die Augenbrauen hoch, aber er war immer ermutigend, was auch immer seine Kinder planten. »Du schaffst das«, sagte er. Mein Onkel gab sein Bestes – aber er war eben erst sechs Jahre alt. Und der Baumstumpf war wohl ziemlich groß. »Ich schaffe es nicht«, sagte er schließlich und weinte fast. Doch mein Opa schüttelte den Kopf. »Doch, klar schaffst du das. Du hast nur eins vergessen.«

Neugierig sah ihn mein Onkel an. Was meinte er wohl? Einen anderen Spaten? Oder einen ganz besonderen Trick? Dann fragte er: »Was denn?«

Und Opa: »Na, ganz einfach: Du hättest mich um Hilfe bitten können!«

Ich finde diese Geschichte ganz passend. Denn manchmal können Probleme auf solche Weise viel einfacher gelöst werden, als du glaubst. Sicher, es ist wichtig, Dinge selbst zu tun und nicht alles an andere zu delegieren. An seinen Aufgaben wächst man schließlich. Aber manchmal kann es auch einfach sehr dumm sein, alles allein machen zu wollen. Wenn du Fußball spielen willst, macht das allein weder Spaß noch Sinn.

Und es ist auch nicht so schlau, darauf zu beharren, sich in allen Angelegenheiten ausschließlich auf seinen Seelenbegleiter zu verlassen. Alle Lebewesen sind miteinander verbunden! Unser Seelenbegleiter steht uns besonders nahe, doch es gibt ja viele Krafttiere – und manche sind eben in einer besonderen Situation wirkungsvoller.

Wenn wir Krafttiere um Rat und Hilfe bitten und unsere Seele auch für ihre Hilfe und ihren Rat öffnen, können wir darauf vertrauen, dass wir kraftvolle geistige Helfer an unserer Seite haben, die uns manchmal sogar unüberwindbar scheinende Schwierigkeiten mühelos meistern lassen.

Die heilende Energie geistiger Tierwesen

Die körperliche und vor allem auch die geistige Gesundheit ist eines der höchsten Güter. Was das Körperliche betrifft, sagt jeder: »Ja, natürlich!« Bei der geistigen Gesundheit ist die Antwort oft nicht so eindeutig.

Die Rede ist nicht von Geisteskrankheiten. Ich meine, dass Gelassenheit und Achtsamkeit noch wichtiger sind als ein einwandfrei funktionierender Körper. Stell dir zwei Menschen vor: Der eine ist kerngesund, reich und hat viele Freunde – aber er ist unglücklich, hadert mit seinem

Schicksal und ist unzufrieden, gestresst und nervös. Der andere ist alt, die Arthrose zwickt, und er hatte auch schon einen Herzinfarkt. Geld besitzt er keines und auch nicht viele Freunde. Doch er ist gelassen, lacht oft, macht Scherze über sein Leiden, obwohl er sich seiner Sterblichkeit, gerade nach dem Herzinfarkt, sehr bewusst geworden ist. Es ist unschwer zu erkennen, dass Letzterer wohl besser dran ist.

Das heißt natürlich nicht, dass körperliche Gesundheit deshalb nicht trotzdem wunderbar und wünschenswert wäre. Gerade wenn man ständig unter Schmerzen leidet, ist es ziemlich schwierig, gelassen und glücklich zu sein.

Krafttiere sind großartige Helfer, wenn du körperliche Probleme hast. Sie sind natürlich keine Medikamente. Ich kann dir also keine Liste geben, in der steht, welches Krafttier bei welchem gesundheitlichen Problem hilft, etwa:

Arthritis: der Schmetterling.
Blinddarmentzündung: die Katze.
...
Zystitis: das Wildschwein.

Das wäre nicht nur ziemlich albern, sondern es funktioniert so natürlich nicht. Doch Krafttiere können manchmal den entscheidenden Impuls zur Heilung geben. Nicht wie es in der Schulmedizin ist, die auch Großartiges leistet, aber eben doch eher wie eine Reparaturwerkstatt arbeitet. Krafttiere hingegen geben Heilimpulse von innen heraus. Gerade deine Seelenbegleiterin weiß, was dir wirklich fehlt – und oft auch, wie du gesund werden kannst.

Wenn es nun aber keine Liste gibt, bei der Krafttiere Krankheiten zugeordnet sind, woher weißt du dann, welches Krafttier du bei einer konkreten Krankheit um Hilfe bitten kannst?

Nun, als Erstes wendest du dich natürlich an deine Seelenbegleiterin. Wenn sie mit diesem Problem nicht zurechtkommt, wird sie dir mitteilen, welches Krafttier deiner Seele einen Heilimpuls geben kann. Und dann nimmst du mit diesem Krafttier Kontakt auf – so wie ich es weiter oben beschrieben habe.

Der Rat oder der Heilimpuls eines Krafttiers ist nicht immer sofort zu verstehen. Krafttiere sind eben weder Automechaniker noch Apotheker. Manchmal sind die Hinweise ganz klar, manchmal rätselst du vielleicht, welche Botschaft sich darin versteckt.

Mach dir klar, dass intellektuelles Verstehen nicht das ist, worauf es in erster Linie ankommt. Wichtig ist, sich zu öffnen. Dann wirst du früher oder später verstehen. Und manchmal ist der Kontakt zu dem Krafttier, das du bei einem gesundheitlichen Problem um Hilfe gebeten hast, bereits alles, was es braucht: Nach der Verbindung mit diesem Krafttier spürst du vielleicht ganz unerwartet schon, dass es dir besser geht und die Selbstheilung begonnen hat.

Zu diesem Thema noch ein Hinweis: Die Schulmedizin wird oft kritisch betrachtet – und in mancherlei Hinsicht auch zu Recht, da sie nicht so sehr den ganzen Menschen und schon gar nicht seine Spiritualität im Auge hat. Und doch sind auch die Leistungen der Schulmedizin ein großes Wunder. Sie kann heute Krankheiten heilen, die früher immer tödlich verliefen oder zumindest schweres Leiden verursachten. Ich meine, dass es ein Fehler ist, Schulmedizin und alternative oder spirituelle Heilweisen gegeneinander auszuspielen. Sie ergänzen einander. Die Heilung von außen (Schulmedizin) und von innen heraus (spirituelle Medizin) können gemeinsam das Beste bewirken; wenn man von beiden Seiten an das Problem herangeht, ist das sicherlich hilfreicher, als wenn man nur einen Aspekt sieht.

Mal ein ganz banales Beispiel: Wenn du dir den Arm brichst, ist es nicht ideal, nicht zum Arzt zu gehen, sondern sich nur an sein Krafttier zu wenden. Und wenn dein Blinddarm (also eigentlich der Wurmfortsatz oder Appendix) stark entzündet ist, muss er mit einer Operation entfernt werden – da wird dir die Eule nicht helfen können. (Etwas anderes ist es, dass der stete Kontakt zu Krafttieren dazu beitragen kann, solche schweren Entzündungen gar nicht erst auftreten zu lassen!)

Also: Wenn du krank bist, geh zum Arzt! Und wende dich gleichzeitig an dein Krafttier. Auf diese Weise förderst du die Heilung sowohl von innen als auch von außen. Das ist der effizienteste Weg.

Hilfe in schwierigen Zeiten

Das Leben ist oft wunderbar – aber für jeden von uns bringt es auch schwierige Zeiten und Krisen. Ich habe mal eine schöne Metapher für das Leben gelesen. Dabei war das Leben eine Landschaft. Die schönste ist doch die, die grün ist. Hügel, Flüsse und Wälder – ja, das sind Hindernisse beim Wandern. Man muss die Hügel übersteigen, die Flüsse überqueren und seinen Weg durch den Wald finden. Das ist auch anstrengend und gefahrvoll. Aber wer würde das alles eintauschen gegen eine endlose flache Ebene?

Was ich damit sagen will, ist, dass ein Auf und Ab zum gelungenen Leben gehört. Krisen sind unangenehm, und manche erschüttern uns bis ins Mark – aber es ist meist dennoch ein Trost zu wissen, dass Krisen nicht nur zum Leben gehören, sondern immer auch Chancen auf Wachstum mit sich bringen.

Es gibt so viele Zustände, die zu einer Krise werden können, zum Beispiel die folgenden:

- beruflicher Stress,
- persönliche Herausforderungen,
- kreative Krisen,
- Bedrohungen und Ängste,
- Missbrauch,
- Unfälle,
- Verluste
- und vieles mehr.

Manche Erfahrungen wie Missbrauch sind traumatisch. Andere sind unvermeidlich, etwa der Tod geliebter Menschen. Manche führen zu schweren Beeinträchtigungen des Körpers – wie Unfälle oder schwere Krankheiten –, andere, wie Ängste, fesseln den Geist. Aber alle haben eins gemeinsam: Krisen sind immer unangenehm, und wir wollen vor ihnen fliehen oder sie bekämpfen.

Die dritte Möglichkeit besteht darin, sich der Krise zu stellen, sie aufzulösen und an ihr zu wachsen.

Mit deinem Seelenbegleiter oder einem Helfer-Krafttier wird es dir viel leichter fallen, Krisen in wertvolle Erfahrungen zu verwandeln. Mit einem Krafttier an deiner Seite wirst du leichter den Mut aufbringen, dich der Krise zu stellen. Mithilfe deines Begleiters wirst du sie auflösen, ohne kopflos zu fliehen oder am Kampf zu zerbrechen.

Die Vorgehensweise entspricht dabei dem, was ich schon beschrieben habe. Du nimmst, beispielsweise in einer Fantasiereise, Kontakt zu deinem Seelenbegleiter auf und bittest ihn um Führung. Wie gesagt: Vielleicht führt er dich zu einem Helfer-Krafttier, das diese Aufgabe noch besser zu bewältigen vermag.

Ich kann mir denken, dass es dir schwerfällt zu glauben, etwas rein Geistiges wie ein Krafttier könne dir helfen, wenn du gerade in einer existenziellen Krise steckst. Natürlich kannst du dir das nicht vorstellen, denn dann bräuchtest du ja gar keinen Rat mehr. Lass dich daher überraschen, was dir offenbart wird, wenn du deinen Seelenbegleiter oder ein anderes Krafttier aufsuchst beziehungsweise dich von ihm finden lässt.

Wie auch immer du dir Krafttiere vorstellst, als spirituelle geistige Wesenheiten, als »Engel« oder aber als die innere Weisheit tief in deinem Unterbewusstsein – das alles spielt keine Rolle. In welcher Krise du dich auch befindest, ob sie traumatisch, lebensverändernd oder nur lästig ist: Krafttiere können dich bei allem, was du tust, unterstützen und an deiner Seite stehen.

Kinder und Krafttiere

Vielleicht fragst du dich, ob es nicht gut wäre, wenn Kinder schon früh mit ihrer Seelenbegleiterin in Kontakt kämen. Meine Meinung dazu: Ich glaube, dass Kinder ohnehin immer in Kontakt mit ihr sind und dass die Verbindung nur dann unterbrochen wird, wenn willkürliche Regeln, traumatische Erfahrungen von Gewalt oder Missbrauch, einschränkende Glaubenssätze oder ein Mangel an Empathie Blockaden aufbauen und die Tore zum Inneren verschließen. Ich meine allerdings auch, dass man Kindern die Idee von Krafttieren nicht aufdrängen kann oder sollte. Wie überhaupt Ideen. Reine Gedankengebäude führen nicht wirklich zu seelischem Wachstum. Lernen können wir nicht durch Vorschriften, sondern nur durch Vorbilder.

Wenn du deinen Kindern die Tore zum Inneren möglichst offen halten willst, wenn du ihnen helfen möchtest, vollständige, selbstständige, glückliche Menschen zu bleiben und zu wachsen, dann brauchst du keine Regeln, sondern vor allem bedingungslose Liebe und Mitgefühl.

Dies sind übrigens auch die beiden Dinge, die Krafttiere auszeichnen: Sie werden dir immer mit bedingungsloser Liebe und Empathie begegnen.

Das sind große Worte. Aber keine Angst: Niemand ist perfekt, und du solltest gar nicht erst versuchen, es zu werden. Bedingungslose Liebe und vollkommene Empathie sind Leuchttürme – es sind keine Ziele, die du wirklich erreichst. Bewege dich einfach nur in die richtige Richtung, das reicht. Natürlich wird das Schiff deines Lebens dann und wann vom Kurs abweichen, aber dann richte es einfach wieder an den beiden Leuchttürmen aus.

Kinder sind das Wunderbarste auf der Welt – aber sie können manchmal dermaßen nerven … Da schwindet dann schon einmal die Empathie, und die bedingungslose Liebe ist eher eine neblige Idee. Mütter (und Väter) sind schließlich auch nur Menschen.

Du machst, was du kannst – und das ist mehr als genug. Dazu gehört allerdings auch, dass du jede Form von Hilfe nutzen solltest, die dir zur Verfügung steht. Da wir hier über Krafttiere reden, weißt du natürlich, was ich meine: Wenn du Schwierigkeiten mit deinen Kindern hast und vielleicht etwas ratlos bist, wie du mit der Situation umgehen sollst, kannst du dir Rat von Krafttieren holen, wie du dem Kind helfen, wie du es verstehen, wie du am besten mit ihm umgehen kannst, sodass es auch dir guttut.

Wenn du ein wenig darin geübt bist, wird alles einfacher. Du kontaktierst deine Seelenbegleiterin oder ein Helfer-Krafttier – vielleicht das Tier, das die Seelenbegleiterin deines Kindes ist – und bittest um Rat. Die Antworten, die du dabei bekommen wirst, helfen meist mehr als Erziehungsratgeber, auf jeden Fall aber mehr, als wenn du dir die Haare raufst und ausflippst.

Jetzt habe ich so ganz nebenbei »die Seelenbegleiterin deines Kindes« geschrieben. Aber die kennst du ja gar nicht. Und wenn du deinem Kind nichts von Krafttieren erzählst, wie sollst du es dann herausfinden? Und wozu?

»Wozu« ist schnell erklärt: Wenn du weißt, welches Krafttier Seelenbegleiterin deines Kindes ist, wirst du dein Kind, seine Bedürfnisse und Impulse, seine Stärken und Eigenheiten besser verstehen können. Und je besser du dein Kind verstehst, desto eher kannst du Empathie und bedingungslose Liebe fühlen und zeigen.

Und »wie« kannst du es herausfinden? Beobachte dein Kind: Was sind seine Vorlieben? Mit welchem Stofftier spielt es am liebsten? Zu welchen Tieren zeigt es Zuneigung, vor welchen fürchtet oder ekelt es sich? Wenn es sprechen lernt: Spricht es häufig von einem bestimmten Tier, das nicht euer Haustier ist?

Mach es dir aber nicht zur Lebensaufgabe, detektivisch die Seelenbegleiterin deines Kindes aufzuspüren. Widme dich ihm lieber mit Liebe, Spaß und Mitgefühl. Wahrscheinlich wirst du seine Seelenbegleiterin ohnehin intuitiv erkennen. Dann kannst du Kontakt mit demselben Krafttier aufnehmen – und bekommst so tiefste Einblicke in die Seele deines Kindes.

Das Krafttier-Orakel

Zum Schluss möchte ich dir noch etwas Spielerisches mit Krafttieren anbieten. »Spielerisch« heißt nicht, dass es nicht hilfreich und wertvoll ist; es heißt nur, dass du damit spielen, also spontan und mit Spaß an die Sache herangehen kannst.

Dieses »Spiel« hilft dir nicht nur bei der Aktivierung deiner unterbewussten Fähigkeiten; es macht dir den Umgang mit den Krafttieren leichter, und du wirst vertrauter mit ihnen.

Die Überschrift sagt es ja schon ein bisschen: »Das Krafttier-Orakel«. Aber was ist ein Orakel überhaupt? Vielleicht hast du schon einmal von dem berühmten Orakel von Delphi gehört. Das war eine uralte Kultstätte im alten Griechenland, die als Mittelpunkt der Welt galt – denn Zeus hatte zwei Adler von beiden Enden der Welt aus fliegen lassen, und sie trafen sich in Delphi. Über dem Eingang des Tempels stand geschrieben: »Erkenne dich selbst.« Könige, Fürsten, Feldherren, aber auch ganz normale Menschen kamen zu diesem Orakel, um sich eine Weissagung zu holen. Manchmal ging das ganz schön schief – auch wenn das Orakel alles richtig vorausgesagt hatte: So kam der sagenhaft reiche König Krösus dorthin, um sich Rat für den Krieg gegen die Perser zu holen. Das Orakel sprach: »Wenn Krösus den Fluss Halys überschreitet, wird er ein großes Reich zerstören.« Krösus freute sich. Doch nicht lange. Denn das große Reich, das er in der Tat durch den Krieg zerstörte, war sein eigenes. Dumm gelaufen.

Ich will hier nun aber weder einen Tempel errichten noch weltgeschichtliche Ereignisse vorhersagen, sondern dich mit dem Krafttier-Orakel bekannt machen. Ein Orakel gibt dir die Antwort auf deine Fragen. Aber nie direkt, sondern dadurch, dass es Suchprozesse in deinem Unterbewusstsein anregt.

Vielleicht kennst du die Art Orakel, um die es mir hier geht, aus einer ganz anderen Tradition: dem Tarot. Dabei werden Karten gezogen oder in Systemen gelegt und die Symbole dann interpretiert. Manche wollen damit die Zukunft ergründen. Bei dem Krafttier-Orakel geht es aber nicht darum, in die Zukunft zu blicken, sondern darum, Zugang zu deinem Unterbewusstsein zu bekommen und die Hilfe der Krafttiere aufzurufen.

Ich habe (noch) kein Kartenset für die Krafttiere gemacht – aber auf der nächsten Seite kannst du das leicht selbst machen. Du siehst dort die zwölf Krafttiere und jeweils ein Stichwort, das deinem Unterbewusstsein Material gibt, um damit zu arbeiten. Du kannst die Seite einfach kopieren und die zwölf Karten ausschneiden – und schon hast du ein Kartenset!

Wolf

Gemeinschaft

Hase

Achtsamkeit

Katze

Gleichgewicht

Adler

Hoffnung

Fuchs

Empathie

Pferd

Selbstbewusstsein

Bär

Innere Ruhe

Eule

Weisheit

Hirsch

Begeisterung

Ziege

Zielstrebigkeit

Schlange

Erneuerung

Rabe

Klugheit

Die Tageskarte

Am einfachsten und spielerischsten ist es, wenn du eine Karte ziehst und über die Antwort reflektierst. Du kannst das »einfach so« machen, ohne jede Vorbereitung, und du nimmst dann das Krafttier und das Stichwort als Anregung für deine Intuition.

Vielleicht hast du aber auch eine konkrete Frage. Dann ist es besser, wenn du dich erst einmal ein paar Minuten mit ihr befasst. Schließe die Augen, und lass die Frage in dein Unterbewusstsein ein. Und dann zieh die Karte. Dein Unterbewusstsein ist nun bereits auf die Frage eingestellt, und du wirst vermutlich recht schnell eine gute, dich unterstützende Antwort finden.

Wenn du die Krafttiere noch mehr mit einbeziehen willst, kannst du die gezogene Karte auch als Hinweis darauf sehen, zu welchem Krafttier du Verbindung aufnehmen solltest, um eine tiefergehende Antwort zu erhalten.

Noch ein Wort zum Ziehen der Karten: Natürlich kannst du die Karten einfach mischen und eine intuitiv herausnehmen. Ich halte jedoch eine etwas andere Methode für besser. Du legst die Karten mit der Schrift nach oben auf den Tisch. Dann mischst du, aber nicht, wie man normalerweise Karten mischt, sondern indem du mit der flachen Hand die Karten auf dem Tisch vermischst, so wie Kinder das manchmal tun.

Mach dir vorher deine Frage klar. Sieh beim Mischen nicht hin. Erst wenn du mit dem Mischen fertig bist, greifst du, ohne die Karten wirklich zu lesen, sofort ganz intuitiv nach einer Karte.

Diese Methode hat den Vorteil, dass dein Unterbewusstsein schon etwas hat, mit dem es die Intuition »füttert«. Ich finde, dass diese Methode meist bessere Ergebnisse zeitigt.

Aber mach es am besten einfach so, wie es dir am meisten zusagt.

Was ist nun die »Antwort« der Karte? Du hast beispielsweise die Frage an das Orakel: »Wie soll es mit meiner Beziehung weitergehen?« Nun ziehst du die Wolf-Karte. Auf der Karte steht »Wolf« (logisch, es ist ja die Wolf-Karte) und »Gemeinschaft« (eines der wichtigsten Themen für das Krafttier Wolf).

Und was hat das zu bedeuten? Das kann ich dir nicht sagen. Die Karte gibt ja keine Anweisungen. Sie gibt dir einen Anhaltspunkt, in welche Richtung du überlegen kannst. Das klingt vielleicht nicht nach viel – aber spüre einmal nach, wie anders sich deine Gedanken bewegen würden, wenn du auf dieselbe Frage die Karte »Schlange – Erneuerung« gezogen hättest!

Du, dein Unterbewusstsein und dein Krafttier geben dir die Antwort. Aber eben nicht wie in einer Gebrauchsanweisung, sondern so, dass deine innere Weisheit die für dich in deiner konkreten Situation richtige Antwort finden kann.

Vergangenheit, Gegenwart, Zukunft

Wenn du ein wenig anspruchsvoller »spielen« willst, kannst du ein »Legesystem« verwenden, in dem du mehrere Karten nimmst und kompliziertere Zustände, Abläufe, Entwicklungen und Ratschläge bekommen kannst.

Eines der naheliegendsten Systeme ist »Vergangenheit, Gegenwart, Zukunft«. Damit ist ja schon fast alles erklärt. Du ziehst nicht eine Karte, sondern drei: Eine bezieht sich auf deine Vergangenheit und gibt dir Hinweise darauf, was zu der gegenwärtigen Situation geführt hat, eine bezieht sich auf die gegenwärtige Situation selbst und eine hilft dir, so zu handeln, dass du deine Zukunft möglichst positiv gestalten kannst.

Auch hier kannst du die Karten verdeckt mischen und ziehen. Das hat den Vorteil, dass du chronologisch vorgehen kannst: Deine drei gezogenen Karten liegen vor dir – nun siehst du nacheinander Vergangenheit, Gegenwart und Zukunft an, bewegst dich also gewissermaßen virtuell in der Zeit. Das hilft, Entwicklungen zu verstehen.

Du kannst die Karten aber auch, wie oben bei der Tageskarte beschrieben, offen mischen und dann spontan »entscheiden«.

Und noch eine Variation: Wenn du drei Karten ziehst, sind es natürlich immer drei unterschiedliche. Das gibt aber nicht immer die beste Antwort – denn vielleicht wäre die klarste Antwort eine, die dir zeigt, dass immer der gleiche Aspekt in Vergangenheit, Gegenwart und Zukunft wichtig war, ist und sein wird. Dann machst du es einfach so, dass du eine Karte ziehst, dir diese Karte notierst und sie dann wieder zu den anderen Karten gibst – dann mischst du und ziehst die zweite. Auch die notierst du, legst sie wieder zurück und mischst und ziehst die dritte Karte. So hältst du dir die Möglichkeit offen, mehrmals die gleiche Karte zu ziehen.

Ich, du, wir

Was ich immer ein sehr interessantes Spiel fand, ist der Einsatz von Karten, gerade auch von diesen Krafttierkarten, um die Beziehung zu seinem Partner, einem Familienmitglied oder einer Freundin besser zu verstehen. Am besten ist es, wenn du das zusammen mit demjenigen machst, um den es beziehungsmäßig geht. Das ist manchmal der Anfang einer wirklich tiefgehenden Kommunikation.

Das Vorgehen ist ja eigentlich klar; die Überschrift »Ich, du, wir« deutet es an: Ihr zieht drei Karten – eine, die dich symbolisiert, eine, die dein Gegenüber zeigt, und eine, die Licht auf das »Wir«, also eure Beziehung wirft.

Dieses »Spiel« wird euch sicher zu Gesprächen anregen und die Beziehung vertiefen oder klären. Und nicht zuletzt macht es auch einfach Spaß.

Nachwort: Leben mit Krafttieren

Liebe Leserin, lieber Leser, nun sind wir schon am Ende des Buches angelangt! Es gäbe noch so viel zu sagen … Doch das wären nur mehr Worte. Viel wichtiger als Worte aber sind deine eigenen, persönlichen Erfahrungen.

Ich hoffe, dass ich dich mit diesem Büchlein ermutigen konnte, deine eigenen Erfahrungen zu machen – und damit wirkliches Wissen zu erlangen. Und nicht nur das Wissen über äußere Tatsachen, sondern vor allem inneres Wissen der Seele: das, was wirklich für dein Leben zählt und die Macht hat, es positiv zu verändern!

Meine Erfahrungen mit Krafttieren haben tatsächlich mein Leben in vielerlei Hinsicht sehr kraftvoll zum Guten gewendet. Unter anderem wäre dieses Buch gar nicht entstanden, wenn mein Krafttier, der Rabe, mir nicht die erste Inspiration dafür gegeben hätte! Die vielen wunderbaren Dinge, die mir durch meinen Seelenbegleiter widerfahren sind, könnten ein eigenes Buch füllen. Doch viel, viel besser als tausend Seiten meiner Erfahrungen sind die Erfahrungen, die du selbst machst.

Ich wünsche dir und deinem Seelenbegleiter alles Gute auf eurem Weg.

Umeå, Oktober 2021
Johanna Lilienfeld

Register